读懂华为30年

执念是一种信仰

吴大有 ◎ 著

中国商业出版社

图书在版编目（CIP）数据

读懂华为30年：执念是一种信仰/吴大有著. --
北京：中国商业出版社，2018.7
ISBN 978-7-5208-0499-8

Ⅰ.①读… Ⅱ.①吴… Ⅲ.①通信企业－企业管理－
经验－深圳　Ⅳ.① F632.765.3

中国版本图书馆CIP数据核字（2018）第162068号

责任编辑：朱丽丽

中国商业出版社出版发行
（100053 北京广安门内报国寺1号）
010-63180647 www.c-cbook.com
新华书店经销
固安县京平诚乾印刷有限公司印制

*

720毫米×1000毫米　1/16开　14印张　180千字
2018年8月第1版　2018年8月第1次印刷
定价：42.00元

****

（如有印装质量问题可更换）

前言

"狼"行天下,膜拜!

狼是自然界中一种凶猛的动物,有着敏锐的嗅觉和直觉。看见猎物,狼会奋不顾身地捕猎。华为自诩为狼,在激烈的市场竞争中,华为拥有和狼一样极其敏锐的直觉,时刻关注着自己的猎物,一旦瞄准机会,就会像狼一样,毫不犹豫地发起进攻。华为就是这样的一家企业,一家将狼的精神发挥到极致的企业,一家坚守自己的信念、勇于坚持的企业。

华为对市场的敏感度远超其他企业,并不是因为华为的管理者拥有特异功能,而是因为华为的"狼性"文化,能够看到狼的优点,然后转换到企业的经营管理中去,长期坚持狼性精神,时刻关注市场的发展与动向,及时做出判断,主动出击,逐步占领市场。华为创业时期,一位主管带着"狼性"员工去了俄罗斯。虽然困难重重,市场陌生,还遭遇了经济危机,但是这些困难都不足以让他们返程回国。他们充满信心,面对困难不屈不挠,坚守在俄罗斯陌生的城市中,向市场宣告:"华为永远都在!"这就是华为的狼性文化。即使遇到再大的困难,也绝不轻言放弃;遇到困难,他们总会以百折不挠的精神,坚守在阵地上……就是靠着这一点，华为坚持了下来，取得了今天的辉煌。

不仅如此，狼还是群居动物，即使面对再强大的对手，狼也会群居而上；并且在战斗的过程中，绝不会丢下同伴，永远与同伴共进退。这是狼群精神，也是华为的文化精神。任正非在《致新员工书》中，这样强调："华为的企业文化是建立在国家优良传统文化基础上的企业文化，这个企业文化黏合全体员工团结合作，走群体奋斗的道路。有了这个平台，个人的聪明才智才能很好地得到发挥，并有所成就。没有责任心、不善于合作、不能群体奋斗的人，也就失去了在华为进步的机会。"

企业在经营过程中，无论遇到多大的困难和打击，都要像狼一样，团结一致、共同奋斗、顽强拼搏。企业的发展就需要这样一群狼，也正是因为有这样一种狼性文化，华为才能在激烈的市场竞争中，经过厮杀，一步步走向世界。

狼对目标的坚持和执着，是其成功猎食的重要保证。同样，对目标的坚持和执着，也是华为不断发展的重要条件。经营之路漫漫，企业就像是沙漠中的行人，只有永不言弃、锲而不舍，才能发现孕育着生命意义的绿洲。华为伟大成绩的取得，主要就是参悟了企业成长的密码——坚持和执着。正是靠着这种不服输的执念，靠着这样的坚持，华为才走到了今天。

执念，是一种信仰，明白了坚持对华为的意义，也就知道了华为30年成长的奥秘！

目录

第一章 华为揭秘：走进华为，与华为零距离

华为为何如此强大 / 2

华为的国际化思维 / 4

华为与任正非 / 7

任正非的思想脉络 / 11

华为的灰度管理哲学 / 14

第二章 华为的人才管理：抓住了人，也就有了财富

别具一格的人力文化氛围 / 18

完备的人力培训体系 / 20

有钱任性的人才储备方式 / 22

"倒三角"式的人力组织结构 / 24

荣辱与共的人力激励制度 / 26

富有凝聚力的核心人员团队 / 28

华为的全员导师制 / 30

第三章 华为的品质管理：
突出品质管理，以品质赢天下

严密周详的谨慎 / 34

慎终如始的敬畏 / 35

进退合度的恭敬 / 37

积极向前的精进 / 38

连通万物的素直 / 39

空虚无边的广大 / 40

无所不容的包容 / 42

第四章 华为的项目管理：
建立合理的项目管理体系，保证工作有序进行

项目关键是沟通 / 46

用 RACI 矩阵明确团队职责 / 49

坚持下去，永不放弃 / 50

项目是细节堆起来的 / 53

流程制度的过程控制 / 55

考核的责任结果导向 / 58

第五章 华为的客户管理：
客户为王，做好客户管理

为客户创造价值 / 62

眼睛盯着客户，屁股对着老板 / 65

切入客户的"痛点" / 67

为客户提供"保姆式"服务 / 69

客户接待也是生产力 / 72

管理客户满意度 / 74

第六章 华为的财务管理：
做好财务管理，成本控制比扩大市场更有效

管理中最难的是成本控制 / 78

做财务的也要懂业务 / 80

铁三角：预算、统计与审计 / 82

坚持人工成本与企业利润的辩证统一 / 85

坚持会计核算与审计监控的辩证统一 / 86

坚持财务与业务的辩证统一 / 88

第七章 华为的执行力管理：
与狼共舞，华为的高效执行力

责任与担当 / 92

聚焦主业务，务实为本 / 94

简化工作，优化流程 / 96

先瞄准目标，再开枪 / 99

先摘好摘的果子 / 102

强化沟通，实现无缝对接 / 104

用职能工资制激活竞争 / 106

第八章 华为的绩效管理：
做好绩效管理，提高工作效率

全员持股激发进取意识 / 112

以客户满意为绩效导向 / 115

打破部门墙，优化团队绩效 / 116

充分授权，让决策聚焦 / 119

始终按贡献大小拿待遇 / 121

"骂"文化，激发员工的斗志 / 123

绩效考核中的灰度管理 / 125

第九章 华为的市场管理：
撒开腿，迈大步，进行市场扩张管理

初期"只以成败论英雄" / 130

利益绑架促市场扩张 / 132

构筑从基层到高层的密不可分的关系网络 / 134

以市场为导向的技术研发 / 136

市场竞争中的"压强原则" / 138

海外不打价格战，共存双赢 / 140

打造能在国际上驰骋的品牌 / 143

第十章 华为的危机管理：
勇敢面对危机，在危机与忧患中成长

华为的冬天 / 148

居安思危，不是危言耸听 / 152

我们的竞争对手就是我们自己 / 155
每个员工都要有危机意识 / 157
烧不死的鸟就是凤凰 / 158
华为没有成功，只是在成长 / 161

第十一章 华为的文化管理：积极发挥文化的润物细无声作用

华为的核心价值观 / 166
远大的追求，求实的作风 / 168
尊重个性，集体奋斗 / 170
结成利益共同体 / 173
公平竞争，合理分配 / 175
管理的最高境界是无为而治 / 177

第十二章 华为的创新管理：大胆创新，不做追随者

创新实践1：技术创新 / 182
创新实践2："工者有其股"的制度创新 / 184
创新实践3：产品微创新 / 186
创新实践4：市场与研发的组织创新 / 189
创新实践5：决策体制的创新 / 190
创新实践6："蜂巢"模式激活组织 / 192

第十三章 | 华为的转型：
拥抱云时代，成功实现转型升级

化"云"为"雨" / 196

"一站式"服务助力运营商转型 / 198

"云、管、端"一体化 / 200

让数据"慧"说话 / 203

站在"云"端看世界 / 206

附：华为重大历史事件 / 209

第一章

华为揭秘：
走进华为，与华为零距离

华为为何如此强大

2017年12月29日,华为轮值CEO胡厚崑向世人公开了华为2017年的成绩单——华为全年销售收入约为6000亿元,同比增长约15%,利润率约为11%,是通信设备巨头里唯一一个利润增长保持在10%以上的企业。

6000亿!看到这个数字,任何人都会感到震惊。虽然当时华为的全年最终财报还没有出炉,但2017年上半年的财报显示,2017年上半年华为缴税额多达676亿元,全年约有1400亿元,位居中国民营企业500强第一。此外,华为还在中国造就了10万个中产家庭。这一成果着实令人震撼。

华为开启员工股份制先河,只用了短短的30年时间就将投资仅为2万元的公司做成了年销售6000亿元的世界巨头;就是这样一家无背景、无资源、缺资本的民营企业,经过自己的努力,将西方众多百年巨头斩落马下,成为众多跨国对手眼中的"东方幽灵"。

在华为创业的20世纪80年代中后期,国内共有400多家通信制造类企业。行业竞争异常激烈,只有求生欲强,才能获胜。华为是如何做到这一点呢?

1. 任正非及其管理思想

华为之所以能活到最后并光彩亮丽，跟任正非及他的管理思想密不可分。43岁的任正非从南油出来后，心中设定了一个大愿望——实现自我。于是，他便走上了华为的创业之路。当时，摆在他面前的选择有很多：做商人赚钱，搞房地产赚钱……可是，任正非没有选择这些，最终选择了自认为值得努力做的方向——通讯业。

2. 找到了自己的位置

华为巧妙地找到了自己的位置——通过自身的成本优势（尤其是研发成本优势），提高网络性能，持续降低运营商乃至用户的投资成本，最终在众多对手中脱颖而出，将老对手中兴通讯甩在了身后。

3. 让接班人学习、理解和传承

在多年取得的成功和挫折经历中，华为不断总结人力资源管理方面的价值观、思想方法和管理原则，发现了未来能够支撑华为长期发展的人力资源管理关键要素，同时了解了未来可能让华为滑向失败的潜在风险。而所有的这些，华为都告诉企业接班人。

4. 为每个奋斗者提供平台

任正非把员工分为三类：一是普通劳动者，二是一般奋斗者，三是有价值的奋斗者。针对三类不同的群体，他提出了不同的管理要求，同时为他们提供不同的薪资待遇。任正非明确提出，华为重视的是那些有价值的奋斗者，因为他们是华为事业的推动力量。

5. 与竞争对手多一些合作

任正非深知，世上没有永远的敌人，也没有永远的朋友，只有永远的利益，于是提出了"友商"的理念，与国际电讯巨头既是竞争对手，也是合作伙伴，在竞争中合作，在合作中壮大，为华为的国际化之路奠定了坚实的基础。

6."力出一孔"与"利出一孔"的分配原则

任正非之所以能够让华为不仅不倒，还取得了快速成长，成为世界电讯行业巨头，主要就在于，他不贪财，把企业的股份几乎全部都分给了员工，自己只留了1.42%。华为采取员工持股的普惠制，员工都是企业的主人，工作都积极主动，最终成就了华为的伟业。

7.打造一支充满激情的团队

华为成功的一个重要因素就是任正非，可以说，没有任正非就没有华为，或者说没有任正非就没有今天的华为。在任正非管理思想的引领下，华为建立了一支充满激情的团队，大家团结一致、埋头苦干、理想明确。正是因为有了这样一位老板、这样一支团队，华为才一步步取得了今天的辉煌。

华为的国际化思维

自从习近平主席提出"一带一路"倡议后，我国企业国际化的步伐也逐渐加快。可是，我国企业国际化的总体状况却不乐观，多数企业都是回报抵不过付出，不少企业在赔本赚吆喝。华为却是独辟蹊径，运用国际化思维，成就了世界级的华为。

华为之所以能成为行业的翘楚，原因之一就是具备了国际化地位、选择了国际化发展路径。为了让企业走得更好，任正非跳出通讯业看世界大势。1995年任正非发现，依靠区域市场生存的电信设备商将来定然不会存在，所有的电信设备商都必须坚持国际标准化。于是从1996年开始，华为就进行了国际化布局。

开始的时候，员工对国际客户感到很陌生，而国际客户对华为更是完全陌生。任正非一改勤俭节约的习惯，多次组织年轻的大学毕业生出国旅游、参观、考察；同时，还花费巨资推出了"东方丝绸之路""东方快车"等品牌计划，让国际客户熟悉了华为。为了开拓国际市场，华为投入约100亿元人民币，确实是大手笔。

在各企业还在为新经济狂热的时候，任正非早已通过泡沫看到了行业供给无限性与需求有限性之间的永恒矛盾。于是，华为十几年如一日，始终以自主知识产权与超值服务为坐标，为客户提供了超值服务。这种真正国际化的思维，成为华为打开国际市场的关键环节。

任正非强烈的精神本能，驱使他发现了华为最深藏的对手：华为人的懒惰与狭隘。因此，他在《华为基本法》第一条就写明："永不进入信息服务业。通过无依赖的市场压力传递，使内部机制永远处于激活状态。"正是靠着这种活下去的倔强，让华为在国际市场上快速生殖繁衍。

任正非认为，国际化是华为度过"冬天"的唯一出路。20世纪90年代中期，在规划《华为基本法》时，任正非明确提出，要把华为打造成一个国际化公司。之后，华为的国际化行动就一步一步开始了。

2004年2月的一天，华为总部接到了奥运会承办方的电话，让华为为即将召开的雅典奥运会提供全套的GSM设备系统，并表示，会立即支付900万美元的订金。华为借此机会，大放异彩。

2004年3月25日，华为在英国设立欧洲地区总部，是中国企业走向国际化的一个重要标志。7月28日，华为以"思科华为案"为跳板，出现在全球瞩目的视野内，在国际市场上获得了合法身份。当时，华为的研发、生产、销售在全球已经悄悄布下50多个办事处，海外市场员工有3000多人，全球客户波及国内外80多个运营商。之后，华为在全球发力，给世人展示了别样的成绩单：数据显示，2013年华为的营业收入超过爱立信，成为全球最大的通信设备供应商，华为成为该行业的全球领导者。至2014年，华为约70%的销售收入来自海外，全球共拥有15万名员工，为170多个国家和地区提供服务。

任正非经常会引用一个在业界享誉很久的比喻："为了不被狮子吃掉，山羊必须跑得比狮子快；为了不饿肚子，狮子必须比山羊跑得更快。"所以，从一开始，华为就给自己明确了双重角色：在国内市场做"狮子"、在国外市场做"山羊"。而从一定意义上说，正是双重角色造就的"土狼性格"成就了今天的华为。

华为与任正非

华为创始人任正非是中国最神秘低调的总裁，在他的带领下，华为挺进了世界500强，成为全球第二大电信设备供应商。令人难以置信的是，任正非带领华为取得如此辉煌，但他个人持有的股份仅有1.01%。

任正非出生在贵州安顺地区镇宁县的一个小村庄，那里最著名的就是黄果树大瀑布。父亲在北京上过大学，母亲念过高中，都在学校教书。家里一共兄妹7人，任正非是老大。全家9口人全靠父母的微薄工资维持，吃饭实行分饭制，虽然都能吃上饭，但都不多。上高中时，任正非经常会饿得心发慌，但只能用米糠充饥。

任正非结婚时，家里的拮据状况并没有发生改变。创办华为后，任正非和父母、侄子同住在一间十多平方米的小房里，在阳台上做饭。为了节省开支，母亲只买死鱼死虾，想买蔬菜，就晚上出去，因为那时候最便宜。

19岁时，任正非考进重庆建筑工程学院（现并入重庆大学），没有毕业，"文化大革命"就开始了。得知父亲被批斗，他偷偷地坐火车回到家。为了不让儿子受到牵连，父亲让他第二天早上立即回校。分别时，父亲将唯一一双翻毛皮鞋脱下来，递给他，特别嘱咐："记住，知识就是力量，别人不学，你要学，不要随大流。"

任正非记住父亲的叮嘱，排除干扰，努力学习数学、哲学，并自学了三门外语，还学了计算机、数字技术、自动控制等技术。后来，任正非入伍当了通讯兵，取得多项技术发明创造，两次填补国家空白；33岁时，他还因技术成就突出被选为军方代表，到北京参加全国科学大会。

从部队转业到深圳南油集团后，任正非的家庭和事业都出了问题。妻子转业后进入南油集团领导层，而他所在的南油下属企业却连续亏损，再加上家庭生活压力，最终导致了家庭的解体。为了缓解生活压力、创出一番新天地，43岁的任正非用2万元的启动资金创办了华为，主要销售通讯设备。

任正非之所以要创业，主要在于他精通通讯设备。最初两年，公司主要代销香港的一种HAX交换机，靠打价格差获利。代销是一种既无风险又能获利的方式，经过两年的摸索，公司财务有了好转。不过，任正非并没有拿辛苦赚来的钱去改善生活，而是投入到经营中，让华为很快就进入了发展轨道。

任正非非常喜欢《毛泽东文选》，对于"枪杆子里面出政权"这句话有着自己的理解：企业最重要的是将产品卖出去。为了提高销售量，华为舍得投入，不计成本；为了战胜爱立信，华为派出的技术人员超过对方十多倍，在各县电信局展开激烈的肉搏战。只要发现了问题，华为人都会立刻赶到现场；为成功拿下一个项目，华为会花费七八个月时间和巨额投入……这些做法看起来似乎花费很多，但从对手手中抢了很多客户。

公司在2000年时，华为参加香港电信展，邀请世界50多个国家的

2000多名电信官员、运营商和代理商参加。华为仅在接待上就耗资2亿港元：2000多人往返乘坐的都是头等舱或商务舱，住的都是五星级宾馆，走的时候还带走了上千台笔记本电脑……华为第一次高调地在国际电信界展示了自己的实力，结果得到了丰厚的回报，2000年华为开始进行全球扩张，市场份额逐渐加大。

为了跟南斯拉夫洽谈合资项目，任正非率领十多人的团队入住贝尔格莱德的香格里拉。他们订了一间总统套房，房费每天约2000美元，大家一起打地铺休息，简直就是挥金如土。

任正非在华为内部提倡"狼性"文化，他认为，狼是企业学习的榜样，"狼性"永远不会过时，华为发展的历史，就是一部不断从虎口夺食的历史，面对大老虎，每时每刻都不能懈怠。华为进军美国，就是一场经典的"虎口夺食"战。当年，华为一进入美国市场，就受到了在数据通信领域处于领导地位的思科公司的阻击。2003年1月，思科起诉华为及华为美国分公司，称后者仿制他们的产品，侵犯了其知识产权。任正非一边在美国聘请律师应诉，一边着手跟思科的美国死对头3COM公司合作。同年3月，华为和3COM公司共同成立合资公司——"华为三康"。

在诉讼的关键时刻，任正非抛出了合纵连横奇招，打败了思科的围剿。最终，双方达成和解，华为消除了自己在美国扩张的拦路虎。

在中国企业家中，任正非是最低调的。他从来都没有接受过任何媒体的正面采访，从来都不参加评选、颁奖活动和企业家峰会，甚至连有利于华为品牌形象宣传的活动，他都一律拒绝。他说："我为什么不见媒体，因为我有自知之明。见媒体说什么？说好的，容易言过其实。说不好的，别人又不相信，甚至还会认为虚伪，还是不见为好。我知道，自己的缺点并不比优点少，并不是所谓的刻意低调。"他要求员工将心安静下来，他觉得，肆意到网上辩论，是在给公司帮倒忙。

2011年12月，任正非在华为内部论坛发布了《一江春水向东流》，揭示了华为崛起的重大秘密：人人股份制。在华为的股份中，任正非仅持有1.01%的股份，其他股份都由员工持股会代表员工持有。如果员工想离职，股份该得多少，立刻就能拿到钱。可是，一旦离开公司，就不能再继续持有华为股份了。这种体制的设计，在全球是独一无二的。

2017年1月25日，任正非在2017年市场工作大会上做了演讲，他说："现在我们已经开始在成熟领域做减法，华为正在走向新形象：踏踏实实做事，向一切优秀的人学习，就能前进！"任正非就像是古时候大胆追赶太阳的夸父，富有情怀、思维灵活，在他的带领下，奋斗者们踏实做事、虚心学习，抓住历史机会，正在顽强地呈现自己、成就自己。

如果说华为是一件艺术品，那么任正非就是卓越的艺术大师。经过多年的打磨，华为已经熠熠生辉。任正非是一位伟大的艺术大师，我们有理由相信，经过打磨和历练的华为这件艺术品定会更加圆润、饱满，异彩纷呈。

任正非的思想脉络

华为只是一家成立不足30年的中国通信设备制造企业，如今却成就了世界财富500强中最耀眼的传奇。从一家小作坊成长为世界500强，华为是如何快速发展起来的？任正非的回答是：是一种哲学思想，它根植于广大骨干的心中！

任正非是个特立独行的企业家，也是一个矛盾的综合体，普通人无法真正了解他的内心世界。过去，他既是一个患过抑郁症的孤独者，也是一个雷厉风行的企业总裁；他会不时地对高管疾声训斥，也会苦口婆心地告诫员工。他不仅有质朴实干的一面，更有仰望苍穹的一面；他不是神，他自己觉得，华为并不是一家成功的企业，外界只是雾里看花，夸大了华为的作为。

任正非不仅是一个有着伟大理想的实干家，还是一个立足实践的思想者。作为中国改革开放后成长起来的第一代企业家，任正非不仅成功带领华为获得了快速发展，还异常重视企业哲学思想的发展。这一发展大致分为三个不同的阶段，具有四个鲜明的特点。

第一个阶段，华为发展初期——深受毛泽东思想影响。

在华为初创时期，生存与发展都异常艰难，任正非学习了毛泽东思想，创造性地把领导中国共产党走向成功的思想融合到华为的经营管理中。当时，生存环境无比严峻，为了在跨国巨头的夹缝中生存下来，任正非使用了"农村包围城市"的军事哲学思想，从国外通信巨头当时无暇顾及的三线城市入手，逐步占据市场份额，扩大了企业生存空间。

第二个阶段，"削足适履"时期——向西方学习先进的经营管理思想。

解决了初期的生存困境，华为进入了企业的高速发展时期。任正非多次走出国门，考察并学习西方的先进文化和思想。为了破除学习与变革的阻力，任正非用"削足适履"来比喻华为进行的管理变革，强力推进，敢于付出，确保先进的管理思想和方法在华为落地。

第三个阶段，发展时期——融会贯通并形成华为独特的企业哲学。

经过八年屡败屡战的国际化道路，2005年华为的海外收入首次超过国内收入，华为也成为一家真正的国际化企业。任正非认为，企业的生命不是企业家的生命，要建立一系列以客户为中心、以生存为底线的管理体系，不能依赖企业家个人的决策制度；企业管理就像长江一样，要修好堤坝，让水在里面自由流淌。华为"2012实验室"的讲话，标志着任正非的思考深度与广度已经达到了一个崭新阶段；哲学改变思想的提出，标志着其企业哲学思想的形成。

任正非的思想脉络表现出了任正非的企业哲学特点：

1. 浓郁的军事风格

任正非入伍的时候，做的是基建工程兵部队的技术兵，有过近十年的军旅生涯，南下北上，东奔西走，还获得过众多奖励和荣誉。这段军旅生涯深深地印刻在任正非的心中，让他的企业经营管理思想也具有浓郁的军事风格。比如：经营战略中的"农村包围城市""压强原则"；组织机构中的"片联""地区部""重装旅"；企业文化中的"狭路相逢勇者胜""胜则举杯相庆，败则拼死相救"等都是军事风格的体现。在任正非的讲话中，经常能听到"统帅""将军""正规军""土八路""新兵蛋子""炮火"等军事词汇。

2. 强烈的危机意识

伴随着华为成长的不仅有欢呼与喜悦，还有众多的死亡威胁。这个死亡威胁不是来自竞争对手，而是来自任正非的内心深处。在《华为的冬天》中，任正非这样表达了自己对危机的认识："我们公司的太平时间太长了，在和平时期升的官太多了，这是我们的灾难。泰坦尼克号也是在一片欢呼声中出海的，我相信这一天一定会到来。如何处理这样的未来，我们是不是思考过？很多员工盲目自豪，盲目乐观，不考虑这个问题，灾难很快就要来临。居安思危，不是危言耸听！"

3. 深刻的融会贯通

任正非是一个酷爱学习的人，出差期间总会带些书籍。他是搞技术出身，知识面广，胸怀远大，眼界开阔，富有思想。在他的思想体系中，不仅有中国古代传统的哲学智慧，比如"无为而治""利出一孔""深淘滩，低作堰"；还有现代思想，比如"批判与自我批判""农村包围城市"。不仅可以看到古希腊神话中的丹科，还能看到第二次世界大战的美国英雄人物"蓝血十杰"；不仅可以看到"凤凰""乌龟""狼狈"，还能看到"黑寡妇""猫头鹰""眼镜蛇"等。

4. 超越的义利观念

任正非是华为的创始人，他在"义利观"上实现了超越。他强调，企业是营利性组织，企业的使命首先是活下去，没有利润，企业就会死亡；同时企业也是社会性组织，必须守法经营、合法纳税、创造就业。他要求华为员工要热爱祖国、热爱人民、热爱华为，关心国家和民族的前途命运；在利益的分配上，他不太看重个人利益，将公司发展创造的财富多数都分享给了员工。

华为的灰度管理哲学

华为的发展壮大，仅用了30年的时间，为什么只有华为做到了这一点呢？多年来，我都非常关注华为的发展，终于找到了华为的成功之道和管理逻辑。这里，我们就围绕由任正非首创并付诸实践的"灰度管理"这一中心，来探讨一下其管理哲学——灰度哲学。

任正非在《管理的灰度》一文中提出："企业的清晰方向是在混沌中产生的，是从灰色中脱颖而出的，方向能随时间与空间而改变，总会变得不清晰。合理地掌握合适的灰度，才能让各种影响得到发展。"任正非认为："清晰的方向来自灰度，企业领导人重要的素质是方向、节奏，其水平就是合适的灰度，坚定不移的正确方向来自灰度、妥协与宽容。"

不可否认，任何一家企业的成功都是其管理哲学的成功；任何一家企业的兴衰逻辑，都与领导人的思维模式有着密切的关系，华为同样如此。

那么，华为的企业管理哲学之根究竟是什么呢？笔者认为，是灰度哲学。

灰度哲学，既是华为管理思想和实践的根本方法，也是其哲学层面的管理方法论，是任正非和华为的价值观、经营哲学、管理理念的精神实质。

从本质上来说，灰度哲学是正确反映客观世界和现实情况的思维模式。从字面上理解，灰度既不分黑白，也不分对错，更不分好坏，而是一种融合体。灰度思维既不是"非白即黑"的二元思维，也不是"白加黑"的并存思维，而是"白黑融合"的和合思维。任正非曾经说过："在变革中，任何黑的、白的观点都容易鼓动人心，而我们恰恰不需要黑的、白的，我们需要的是灰色的观点，要黑白之间寻求平衡。"

灰度哲学符合事物普遍联系和永恒发展的客观规律：

一方面，从联系的观点看，灰度是事物存在的一种状态，也是事物发展的一种结果。任正非说："合理地掌握合适的灰度，是使各种影响发展的因素，在一段时间内的和谐，这种和谐的过程叫妥协，这种和谐的结果叫灰度。"

另一方面，从发展和变化的角度来说，灰度是事物未来的预期目标和执行过程。就目标来说，"一个清晰方向，是在混沌中产生的，是从灰色中脱颖而出，方向是随时间与空间而变的，它常常又会变得不清晰。并不是非白即黑，非此即彼"。就过程来说，"方向是坚定不移的，但并不是一条直线，也许是不断左右摇摆的曲线。在某些时段中，可能还会画一个圈，但是离得远一些，或粗一些看，它的方向依然紧紧地指着前方"。

进一步讲，均衡是灰度哲学的最高表现形态。"均衡—失衡—再均衡……"是企业发展的循环往复过程和趋势。均衡，可以有效避免组织体系的崩溃；打破均衡，又能防止组织在悄无声息中消失。有时，表现得激进，是为了打破均衡；表现得稳健，是为了推进均衡。

当然，灰度哲学也不是普遍真理和万能钥匙，也有自己的适用范围。华为30年的实践证明，灰度哲学要对症下药，"黑白分明"也能对号入座。

第一，战略、战术可以讲"灰度"，要多些辩证分析和随机调整。核心价值观是华为十多万人最高的"形而上学"，不能出现丝毫的扭曲和变通。

第二，对人讲"灰度"，用"两分法"，用全面和发展的眼光去看，激发信任、释放潜能。对事和运营流程讲"黑白分明"，坚持"形而上学"，容不得一点"灰度"和弄虚作假，要真正体现出"以客户为中心"的价值理念。

第二章

华为的人才管理：
抓住了人，也就有了财富

别具一格的人力文化氛围

华为之所以能够取得骄人的业绩,一个主要原因就是有自己的市场团队。华为的营销人员数量之多、素质之高、分布之广、收入之高是中国企业史上前所未有的。华为的销售人员共有14500多人,占全体员工的38%,主要分布在全球90多个国家和地区。其中,绝大部分是毕业于国内外名牌大学的年轻人,有硕士以上学历的占到70%。每年,华为都会招聘数以千计的毕业生,经过近乎军事化的培训后,源源不断地输送到市场一线。

华为的产品也许不是最好的,但那又怎样?什么是核心竞争力?客户选择了我却没有选择你,就是核心竞争力!对于华为来说,市场就是核心竞争力,而市场则是由在前线冲锋陷阵的战士争夺过来的。

在创业过程中,开始的时候华为用三流的技术做出了一流的市场、一流的市场回报,之后才逐步锻造出一流的产品。西方竞争对手在中国市场的表现却恰恰相反,他们是用一流的技术做出了三流的市场。华为把这种模式延伸到世界各主"战场",不断复制自己的成功之路。

营销战略是华为的核心竞争力,而营销战略的核心就是拥有一支由

"狼群"组成的营销团队。"狼性"是华为企业文化的一个象征。近30年来，华为取得的业绩是惊人的，不仅在中国少有，在世界通信业的历史上也不多见。华为崇尚"狼性"文化，他们认为狼有三种特性：嗅觉良好、反应敏捷、发现猎物群体攻击；华为还认为，"狼性"是企业学习的榜样。

不论是在国内，还是在国外，在华为市场系统流行多年的"胜则举杯相庆，败则拼死相救"就是对华为"狼性"文化的最好概括和总结。在华为，这种"狼性"训练无时无刻不存在。从《华为的冬天》到《华为的红旗究竟能打多久》，都展现了华为的"狼性"意识。

华为采用矩阵式管理模式，内部各职能部门相互配合，通过互助网络，不管遇到任何问题，都能快速做出回应；华为的销售人员善于配合，从签合同到实际供货只要4天的时间，效率之高令客户惊叹，令对手心寒。

华为是一台由"狼群"组成的"战争机器"，运作效率极高、彼此配合良好，让对手望尘莫及。通过公司的ISC主流程，华为不仅把各部门之间的配合管理到了极致，还把供应链上公司以外的环节当成公司的一个有机整体，使外协人员变成了华为团队的一个有机组成部分。

华为的客户接待水平更是堪称世界一流，令国内外客户感到震惊。华为的客户服务体系是一个系统工程，不是客户工程部一个部门在单打独斗，几乎所有部门都会参与进来。所有的工作都严格执行组织的流程，有条不紊地进行，而团队精神是流程顺畅的一个重要保证。

完备的人力培训体系

随着科技的发展，人才已经成了企业发展的第一要素。企业都非常注重人才的招聘和使用，出国留过学的，拥有硕士、博士生学历的，专业能力突出的，有过外企工作经验的，几乎都成了企业的香饽饽。不过，有些公司并不喜欢从外界引入人才，而是更看重内部培养，他们会通过持续不断地培养来实现企业内部人才的新老更替，确保企业的人才不会出现断层。

在人才培养方面，很多企业缺乏合理的培养计划和培养机制，使用的培养方法比较落后、培训方法比较单一、培训投入比较少，很难完成完善的人才梯队建设。在这方面，华为就做得非常好。

多年来，华为内部的人才供应一直都以内部培养为主，虽然过去也从国外引入过一些高端人才，可是效果并不理想，于是任正非便加大了内部人才的培训力度。因为并不是所有的人才都适合华为，而且多数人才还无法做到即到即用，最好的方法自然就是通过培训来完善和提升员工的实际工作能力。

为了确保人才培训计划更好地实施下去，华为建立了合理的人才培养机制。为了从西方先进国家汲取营养，任正非亲自到国外去考察和分析。一次，到了日本他发现，当地的企业盛行一种培训制度——"教父制"。

这种制度和"黑帮制度"没有关系，只是一种"传帮带"的管理机制。也就是说，为了让新员工更好更快地融入工作中，为了让他们更好更快地掌握工作技能，企业会安排一些老员工和管理者对他们进行辅导。

任正非觉得，这种"传帮带"的制度不仅非常实用，还适合华为发展的需要，之后便果断引入了这个先进的人才培训制度，起名为"导师制"。新员工入职后，公司会专门为他安排一个导师进行指导，导师会给他详细讲解工作中的细节，传授各种工作经验，让新员工了解工作的基本运作原理。

经过一段时间的尝试，任正非发现导师制的推行效果良莠不齐。因为，不同人才、不同导师之间存在素养的差异，培训还落实不到位。一方面员工学得不认真，应付了事；另一方面导师为了保持自己的存在价值和优势，并不会将自己的知识和经验毫无保留地传授给其他人，往往教得不够好、不负责。

为了避免出现导师培训不到位的情况，华为制定了相应的奖惩制度，将人才培训计划和导师个人的业绩考核捆绑在一起。公司明确规定：导师必须尽可能帮助员工成长，要在定期的述职报告中明确讲述自己是如何帮助和培养员工的。如果培训一段时间后，新员工没有进步或没有得到提拔，导师也无法获得相应的提拔。如此，就将导师和新员工之间的利益紧紧捆绑在了一起，一荣俱荣、一损俱损。

一直以来，华为都非常重视经验积累和经验学习，善于借鉴过去的发展经验来指导当下的工作，在人才培训方面更是如此。任正非认为，真正对新员工有帮助的人是老员工，他们有着丰富的工作经验，知道应对工作问题的方式方法，在指导方面更具发言权。

可是，老员工的人数毕竟有限，同时还不能因为培训新人而耽误了自己的工作。为了解决这个问题，如果有些老专家、老员工到了退休的年龄，华为就会继续聘用他们，让他们留在公司，将他们的工作经验和技术传递给更多的新人，实现经验的传承，确保更多的新人能快速成长起来。

有钱任性的人才储备方式

在任正非的观念里，什么都可以缺，唯独人才不能缺；什么都可以少，唯独人才不能少；什么都可以不争，唯独人才不能不争。华为最宝贵的财富是人才，其次是产品技术，再次是客户资源。

美国麦肯锡公司指出，现代世界各国对各类专门人才的争夺是人才大战，高层次人才是最稀缺的资源。在人才战中，华为堪称中国民营企业鼻祖。

1998年，华为一次性从全国招聘了800多名毕业生，这是华为第一次大规模招聘毕业生。2001年，华为到全国各地的名牌高校招聘优秀毕业生，喊出了："工科硕士研究生全要，本科的前十名也全要。"结果，华为一共招了5000多人。借助这次全国最大规模的招聘，华为名扬千里，被媒体誉为"万人招聘"。

除了到高校招聘，华为还曾在西安的纬二街上设了一个招聘处，那里常驻着一名人力资源部的领导人，专门负责新人的招聘。当时，西安IT业界流传着这样一种说法："要跳槽就到纬二街。"同时，华为还与国内几所在业内具有领先科技水平的著名高校建立了定向培训关系，院校负责专业知识和技能的培训，华为负责为院校提供经济资助和企业文化培训，学生毕业后到华为工作；华为还在名牌大学里设有专门的奖学金、奖教金、贷学金，并与中国科技大学、华中理工大学、北京邮电大学等多所名牌高校合作培养研究生。

最近两年，华为不断对校园市场进行渗透。2017年，华为向全国大学生启动了"创想杯"校园开发者大赛。此次大赛由余承东、万彪、何刚、王成录、李昌竹等组成强大导师团，与大学生进行直接接触；设置了最佳游戏、最佳应用和最佳创想三个组，最终选出前三名，奖金分别为15万元、10万元和5万元。其实，这也是华为的一种终端校园营销，是在为终端筹备创新人才。

这一系列大手笔，被同行指责为垄断人才。有些人认为，即使华为发展再快，两年内招聘的近万名毕业生也用不完，将重点高校的优秀毕业生囤积在一起，是一种人才的浪费；同时，这种人才策略还会增加人力成本。

对于"浪费"一说，任正非不以为然，他说："社会上包括一些世界著名公司都说华为浪费太多，但我们认为正是浪费造就了华为。当然，我们不能再犯同样的错误，再浪费下去。"人力资本优先的意识具有超前性，信息通讯业是个新兴产业，人才市场上还没有该行业的成熟人才。刚毕业的大学生如一张白纸，有着极高的可塑性，更容易接受公司的价值观和营销理念，虽然工作经验不足、上手较慢，可是一旦进入工作状态，就能获得最快的发展，潜力很大。

华为的浪费，并不是无理取闹。通过这种先入为主、潜移默化的方式，使在校学生在学校期间就对华为有了强烈的归属感，对华为的企业文化理念有了强烈的认同感,一旦进入企业,他们会更加忠于华为、认同华为的价值观,能够长期为华为工作和服务。目前,公司核心层、科研中坚,多数都是华为与对口高校培养出来的,约占总人数的70%。

哈佛有句名言:"明智的人往往抓住人才管理这个万物之灵,千方百计收拢人才,实施开发智能战略。"华为人认为:所有的工业产品都是人类智慧创造的,自己没有可以依存的自然资源,必须在人的头脑中挖掘出大油田、大森林、大煤矿……近似"疯狂"的人才引入策略,为华为的发展奠定了坚实的基础。

"倒三角"式的人力组织结构

从20世纪90年代起,美国已经有些知识型企业开始研究、建立与传统组织形式相反的"倒三角组织",成功与失败的案例都有不少。对于大型跨国公司来说,海尔是"倒三角组织"的典型代表。随着"海尔模式"目前的成功实践,"倒三角组织"逐步被更多的人所认识和接受。

那么,究竟什么是"倒三角组织"呢?一般来说,"倒三角组织"分为如下三个层次:

第一层次:由负责研发、采购、生产、销售等直接价值活动的业务单元组成,也可称之为前台。

第二层次：由负责人力资源、财务、市场营销、质量管理等间接价值活动的业务单元组成，是中、后台。

第三层次：由负责战略制定、综合协调运营等工作"领导"组成。

企业"倒三角组织"之所以能够获得不断发展，主要有两个原因：第一，随着经济的发展、信息技术的进步，消费者的需求越来越多样化，及时性要求越来越高，而传统企业无法有效满足消费者多样、快捷的需求；第二，传统"正三角组织"企业的弊端得不到根本解决，且越积越厚，如等级森严、对新鲜事物感觉迟钝、缺乏创新、活力不足等。

企业能否成功地从"正三角"变革为"倒三角"，关键要做到以下四方面：

1. 合理定位

传统的领导者是战略制订者、战略决策者、协调者、支持者、服务者；传统的"职能管理"部门定位为服务者、业务伙伴。

2. 责权分配

基于新的定位，重新进行职责分工，传统的职责分工采用的是"基于战略自上而下"的方式，而"倒三角组织"采用的是"基于客户自上而下"的方式。前者的"上"指的是传统高管，后者的"上"指的是业务部门。按照权责对等的原则，使用同种方式完成权限的重新分配，只能导致"领导"权力的大大削弱，如此就会将更多的决策权力分配给处于"倒三角组织"顶端的业务部门。

3. 人的匹配

一方面，"倒三角组织"对各层级员工专业能力的要求很高，"混吃混喝"的人无法在这样的组织模式里生存。在过去的组织模式下，领导总要面临"被授权"的状态，基层解决不了的问题上传到中层，中层解决不了再传给高层,高层既要发号施令又要处理问题。而在"倒三角"模式下,员工直面问题,是解决问题的主体。

另一方面,员工的思维方式、自我定位发生了较大的转变,业务人员工作起来会更加积极主动,职能人员会形成服务意识,领导者会聚焦于战略层面问题的思考。

4. 运行机制的改变

改变了过去那种"自上而下"的推动机制,重新设计组织的运行逻辑和机制。运行机制主要包括:客户驱动机制、契约机制、人单酬机制、官兵互选机制等。核心是:围绕客户需求,通过企业内部的高效、协同运转,及时为客户提供高质量的产品和服务。

其实,"倒三角组织"更多的是组织运行方式的问题,而"倒"或"正"相对来说是次要的。将这个问题解决掉,"正三角组织"也能采用"倒三角组织"的运行方式。

荣辱与共的人力激励制度

有这样一则小故事:

1993年初,华为在深圳蛇口的一个小礼堂里召开了1992年年终总结大会。当时,全体员工270人,首次目睹了任正非满脸沉重、嗓音沧桑的真情流露。会议开始后,任正非在台上只说了一句"我们活下来了",就满脸泪痕地再也说不下去，双手不断抹着眼泪……

由此可见任正非创业初期经受的艰辛与屈辱，也能看到后来采取共赢市场策略和全员持股时他的内心有多么坚定。他宁可与所有人利益均沾，宁愿自己只占1.42%的股份，也要让合作伙伴、员工跟自己一起拼命把企业做大。

这时候的华为已经具备了突出的成本优势，但还需要市场规模。没有强大的资金实力，成本优势再明显，也无法将市场做大；规模经济下的成本优势体现不出来，华为就没有优势。这里，关键是资金，但1992年华为的销售收入只有1亿元，远不够做市场。何况，研发也需要投入大量资金……华为资金紧张，面临生死考验。

20世纪90年代初，国外竞争对手纷纷采用自己的方式进入中国市场，比如技术转让、与邮电系统合作、与当地政府成立合资公司等。任正非想了想：既然外资可以这样做，自己拥有核心技术，为什么不这样做？于是，华为与全国的邮电系统合作，广泛吸收股份。

更绝的是，华为并不吸收只提供资金支持而没有业务往来的单纯资金，其风险投资的目标集中在各地既有市场又拥有资金的邮电系统上。也就是，邮电系统出资与华为合作组建一家新公司，华为入股并主导经营。

之后，华为与全国21家省会城市邮电系统联合发起成立了合资公司——莫贝克公司，注册资金8881万元。通过这种方式，华为与电信局客户之间形成了资金和市场的紧密联盟，不仅获得了资金，还得到了市场。资金解决了，市场打开了，华为实现了华丽大转身。

通过莫贝克的渠道，华为的交换机迅速以低价进入全国市场，仅用了两天时间，就迫使交换机行业销售价格从200~300美元/线，下降到80美元/线，邮电系统也因为交换机采购价的大幅降低而将电信业务向全国迅速推广，最终实现了全社会、消费者、邮电系统和华为的多赢。这种模式的效果立竿见影。

华为的市场逻辑很清楚，那就是打造利益共同体，有钱大家赚。任正非认为，现代企业竞争已经不是单个企业之间的竞争，而是供应链的竞争。企业的供应链是一条生态链，客户、合作者、供应商、制造商命运被捆绑在一条船上。只有加强合作，关注客户、合作者的利益，追求多赢，企业才能活得长久。"利益共同体"的思想，在全员持股中体现得更加直接。

莫贝克公司成立一年后，华为再次与各省邮电局成立了27家合资公司，进一步打通了市场渠道，一共获得5.4亿元的风险投资，再次为华为的高速扩张和大规模研发输入了血液。

两次成立这样的公司，可谓一石数鸟，同时还解决了造成通信制造企业现金流不畅的回款问题。而且，这种利益捆绑还能在企业面临危机时起到重要作用。

富有凝聚力的核心人员团队

企业之间的竞争，从根本上说，就是管理竞争！管理者的使命与责任就是践行、传承企业文化和价值观，以文化和价值观为核心，管理价值创造、价值评估和价值分配，带领团队不断地为客户创造价值，实现公司商业成功和长期生存。

在发展的过程中，尽管华为每年都有大量的员工离职，但核心团队的管理者却始终没有变，并且华为的管理者更富有凝聚力。关于这一点，要从华为管理者的选拔上说起。华为建立了一套标准化的管理者选拔标准，选拔管理者时，不同业务部门和管理层级采用的是同一套标准。

概括起来，这套管理者选拔的标准，共包括4个核心内容：

1. 核心价值观是基础

对于员工队伍来讲，越是高层人员，越需要对于公司核心价值观的认同、践行和传承。因此，华为在挑选管理者的时候，更看重在价值观上跟华为真正高度契合的人，也就是所谓的同心人。华为的核心价值观主要有三个内容：以客户为中心、以奋斗为本、长期坚持与艰苦奋斗。华为在进行管理者选拔的时候，在价值观的判断方面，也是从这三个方面进行的。

2. 品德与作风是底线

在选拔管理者的时候，华为看重的是个人品德，不会唯才是举，不符合品德要求的人会被一票否决。当然，这方面的考核要通过关键事件来进行考核。比如，评价一个管理者是否具有艰苦奋斗的工作作风，会从这些方面来进行评价：会不会用人唯贤？会不会拉帮结派？是不是实事求是敢讲真话？能否不捂盖子？能否耐得住寂寞，受得了委屈？等等。

3. 绩效是必要条件和分水岭

华为有个著名的"赛马文化"，也就是说，新员工加入华为后，过去的所有学历、工作经历都要一笔抹消，所有人都站在同一起跑线上。在华为，只有绩效前25%的人才能被选拔为管理者。

华为认可的绩效通常要满足三条标准：第一，最终能对客户产生贡献；第二，关键行为过程要以结果为导向；第三，素质能力不等于绩效，只有真正表现出绩效的结果才是公司认可的绩效。在华为，绩效是评价员工的重要标准，绩效结果会影响到员工的很多方面，比如薪酬、奖金、股票、晋升机会等。

4. 能力是关键成功要素

对于能力，不仅有通用的能力，也有一些专业能力。能力是工作中持续展现出来的关键的绩效行为，成功的实践经验是对能力的验证。关于这一点，华为有一个共同的能力标准。

华为从1996年开始就跟合益进行合作，2005年华为再度与合益合作，开发了华为领导力模型。领导力模型包括3大核心模块：①建立客户能力；②建立华为的能力；③建立个人能力。其中，共包括9项关键素质，这9项关键素质后来被衍生为"管理者9条"。

华为的全员导师制

华为的"全员导师制"，跟国有企业过去实行的"师徒制"有相同的地方，也存在较大的不同。华为内部的这一做法，主要是对新员工进行帮助指导，后来被推广到了整个公司。

华为的这一做法，是全员性、全方位的：不仅新员工有导师，所有员工都有导师；不仅生产系统采用这一做法，营销、客服、行政、后勤等所有系统也都实行这一做法。华为认为，所有员工都需要导师的具体指导，需要通过导师制实现一帮一、一对红。

即使是工作了几年的老员工，一旦被调整了工作岗位，不管资历多长、级别多高，也要安排导师。这个导师也许比他的工龄短，比他的资历低，但在该岗位上一定会比"徒弟"强。所以，在华为，即使是进入华为一两年的员工，也能够成为导师。

华为的导师职责比较宽泛，不仅有业务、技术上的"传、帮、带"，还有思想上的指引、生活细节上的引领等。为了将导师制落实到位，华为对导师实行物质激励，通过补助的形式，每月给导师补贴300元的导师费；同时，定期评选优秀导师，一旦被选中，就能得到500元奖励。更为重要的是，华为把导师制上升到培养接班人的高度来认识，以制度的形式严格规定：没有担任过导师的员工，不得提拔为行政管理者；不能继续担任导师的，不能再晋升。

这一做法的重要意义在于：第一，可以增强员工的荣誉感，尤其是入职时间不长就成为导师的员工，定然会在工作上更加严格要求自己，更会在新员工面前发挥模范带头作用；第二，对于新员工来讲，可以迅速地融入到企业大家庭中，从思想上、感情上尽快认可企业的制度和文化；第三，通过全系统、全方位、全员性的导师制推行，可以形成良好的环境氛围，大大提高执行力。

多数民营企业员工流动率都比较高，都要面对新员工入职后的培训和培养问题，要想缩短新员工的磨合期，使之尽快适应工作岗位，接受企业文化，并使之成长起来，就要采用这一做法。但限于企业自身财力的问题，大多数民营企业无法投入更多的费用对员工进行系统性培训，这样做虽然可以大大节省培训费用，但是弊多利少。

很多民营企业，员工之间、上下级之间关系不融洽甚至紧张，主要原因就是，相互之间沟通不够。沟通，不仅需要渠道，更需要制度化的东西来加以保证，全员导师制就是一种很好的、有效的形式。

华为的实践经验告诉我们，为了将全员导师制真正落实到位，要注意以下几点：

（1）在思想上，从一定的高度进行认识。就是：实行全员导师制，企业基层能够更好地促使导师对徒弟的业务技术的传授、工作经验交流和企业文化的共鸣；企业中高层能够通过导师的决策指挥、管理方法、领导艺术等，对"徒弟"造成潜移默化的影响，更好地理解公司的意图，提高各个层次的执行力。

（2）在操作上，要制定一套适合自己的制度。包括：对导师的物质激励、对徒弟的具体要求、师徒的保证协议、具体的考核标准等。当然，具体制度的确定，要根据企业的情况来确定。

对新员工，必须从到岗之前就提前做好这方面的安排，使之从进入工作岗位的第一天起，就接受导师的全方位指导和引领。在此期间，没有特殊情况，不要轻易改变他们的"师徒"关系。

对因工作需要进行岗位调整的老员工，尤其是对那些已经处于各级主管级的人员，调整岗位后，必须严格按照导师制进行落实，同时作为是否晋升的重要依据进行考核。

第三章

华为的品质管理：
突出品质管理，以品质赢天下

严密周详的谨慎

华为荣登全球行业老大后,任正非在2015年内部市场工作会议上发表了有关"大道至简"的讲话。开始的时候,讲到了一个"瓦萨号"的典故:

瓦萨王朝统治时期,瑞典是欧洲的一个强国。为了与劲敌丹麦、波兰对抗,称霸波罗的海,瑞典国王古斯塔夫·阿道夫斯二世打算建造一批新战舰。为了显示瓦萨王朝的权力、财富和战斗力,要求战舰航速要快、火力要强、装饰要华丽。1626年年初,最大的战舰"瓦萨号"在国王的亲自监督下正式开始建造。

国王性格暴躁,提出了很多要求。在"瓦萨"号建造期间,他不断地下令,让人们按照他的旨意改变设计和建造要求。其实,当时对于横梁和压舱物来说,在不稳固的平台上安装这些装备过高过长,与平台的功能非常不相称。可是,没有一个人敢违抗国王的命令。

在"瓦萨号"的骨架已经安装好的时候,他下令增加了战舰的长度,最后"瓦萨号"拥有了双排共64门舰炮,全长达到69米,成为当时装备最齐全、武装程度最高的战船。

试验中,"瓦萨号"发生了危险的摇动,但没人敢告诉国王,于是按原计划进行。结果,在离岸10多分钟就沉没了,直到300多年后,才将它打捞上岸。

在今天的数码生态时代,所有的一切都处于不断的变化中。任正非对这幅画面,心存敬畏,总是担心自己的团队登上老大的位置而合不上数码时代的旋律。他说:"我们要接受'瓦萨号'战舰沉没的教训。制造战舰的目的是为了作战,任何装饰都是多余的。在变革中,要避免画蛇添足,尽量不让流程繁琐。变革的目的是围绕为客户创造价值,不能为客户直接和间接创造价值的部门都是多余的部门、流程是多余的流程、人是多余的人。我们要紧紧围绕价值创造,来简化我们的组织与流程。"

在资本的寒冬,任正非一直都如履薄冰。

慎终如始的敬畏

2014年华为登上全球电信设备商的巅峰,华为的盈利比后三名加在一起还要多。

在华为2015年市场工作会议上,任正非发表了讲话"大道至简",坦诚:"华为还担不起世界领袖的重任。"就像古语所说:"势无常也,仁者勿恃;势伏凶也,智者不矜。"华为登顶,也意味着转型。任正非的领导力，在华为的大转折中显露无遗。

当一直梦寐以求的画面就在眼前时，任正非诚惶诚恐。他首先想到的是，过度自信会毁了华为。他觉得，一旦公司实现了创立之初设定的目标，就会面临倒下去的危险。为了摆脱这种局面，他想了很多路径和方法。这种潜意识的条件反射，几乎成了他的特质。

从小在逆境中生长的任正非深知，挑战和压力是生命的原动力；而那些华而不实的名誉，只是通向死亡的路标。他知道生命的律动：一旦失去了谨慎、敬畏、用敬、精进、素直、广大、包容等品质，华为的大厦就会顷刻间倾倒。

在任正非头脑中不时地会出现一幅恐怖的画面：绳索捆绑住自己的天性，自己循规蹈矩浑浑噩噩一生。

任正非有自己的灵魂旨意，他相信每个人都有灵魂旨意，他在华为的一项重要工作就是，唤醒每个人的生命意识，让每个人拥有良知并绽放出自我超越的天性。一味顺着员工的喜好，不顾惜公司的整体利益，不顾惜周边人的利益和感受，看上去是顺应欲望，实际上是纵欲为恶。

人在做，天在看！在强烈的贪欲激荡下，很多人都忽视了敬畏。敬畏事物的本真和天性，只有敬畏自然形成的条理，才不会伤害到自己的身心。所有的失败，都是由于轻慢；所有的轻慢，都是因为缺少了敬畏！

进退合度的恭敬

在华为登顶行业领军企业后，2015年任正非发表了年初讲话"大道至简"，不仅反映了他的志忑内心，也反映了华为团队的心劲。

任正非首先借"瓦萨号"警醒自己和华为团队，华为团队需要保持七种品质。七种品质不是义理逻辑上理明白就行，还要让它在自身根深蒂固，是一种生命的活跃状态。

这个时代通行的生命法则是："无依则生，有一则活。"对一事一物、一人一言都有一种刻骨铭心的用敬品质，一种对人对事心存敬意的生命状态。比如：到他人家做客，就要合乎人家的要求。

合规意识是一种恭敬心，渗透在行动的各个方面，更是各种关系的润滑油。对于公司和社会的运行，合规意识的运用尤其重要。

积极向前的精进

聚焦当下，聚焦有限生命的瞬间，聚精神于现场，就会出现无限的可能性；甚至无穷宇宙的奥秘，也会渗透在当下的精进中。如此，企业也就拥有了勇猛精进无限的驱动力。

压强，聚焦，勇猛精进，精进只在当下！在毫无保留地投入当下的过程中，会体会到一种奇妙的力量在你身上集聚和汇涌。那是一种美妙的体验，一种极限突破后的爽朗。

任正非每时每刻都在想着精进，他给自己的团队注入了这样一种勇猛精进的力量。他说：

"面对未来网络的变化，我们要持续创新。为世界进步而创造，为价值贡献而创新。创新要有边界，我们要继续发扬针尖战略，用大压强原则，在大数据时代领先突破。要坚持不在非战略机会点消耗太多的战略竞争力量。成功的美国公司，大多数是非常聚焦的。难道他们就不能堆出个蚂蚁包？为什么他们不去堆呢？当前，不是我们超越了时代需求，而是我们赶不上，尽管我们已经走在队伍的前面，还是不能真正满怀信心地说，我们是可以引领潮流的。但，只要我们聚焦力量，就有希望做到不可替代"。

任正非把自我超越和勇猛精进作为自己的坐标，在华为经营发展过程中，他也把"自我超越，勇猛精进"成功植入到了每个奋斗者的心里。这也是华为一切活泼创造的源头！

连通万物的素直

所谓素直指的是，做人做事不弯弯绕的纯粹。很多人做事，总会拘泥于结论、框框和假设。结论与假设，有很强劲的逻辑，因此我们很容易被那些逻辑所禁锢。

素直，与万事万物的机理相通，也就是所谓的随顺自然，就是纯粹地以他人之心为心、以万事万物之心为心。任正非非常看重素直，认为素直是胜利的基础，凭借素直连通了员工、客户与未来。

在华为，素直有具体的含义：第一，必须建立一个坚强、有力的领导集团，此核心集团必须听得进批评；第二，建立一套严格有序的规则制度，同时这套规则制度是进取的，此规则制度的重要特性是确定性，要以确定性来应对所有的不确定性；第三，拥有一个庞大的、勤劳的、勇敢的团队，这个团队的特征是善于学习。

华为的领导集团，是开放的，是无私、无功、无名的践行者。遇到问题的时候，仅考虑自己的利益，就当不了领导。用自己的所见所闻来了解和判断世界时，许多预设的判断就会像筛网一样插手其间，得出的就不是事实真相。只有得道的高人才能保持素直，打开心扉，拥抱世界真相。

在任正非的眼里，凡是出人头地的人都是得道高人，而华为每个人都是得道高人，每个人都有素直。

跟任正非相处过的人，都觉得任正非是个不修边幅、穿着打扮土气的"乡下老农"。在大街上见到任正非，绝不会想到他就是华为总裁。华为没有搬到坂田基地前，在深圳科技园华为用户服务大厦办公，任正非经常会跟普通员工挤在一个电梯里上班。

空虚无边的广大

人有了素直，就是广大的；不素直，不广大；广大了，必素直。

寡头，都喜欢维系垄断。维系垄断，传统的做法是，掌握一大批专利，给通行管道设置一些别人无法拆解的障碍。真正的企业家素直，能够看到混沌之中的实相：共融与共享。除了共融与共享，无人能垄断。

正如老子所说："江海所以能为百谷王者，以其善下之，故能为百谷王。是以圣人欲上民，必以言下之；欲先民，必以身后之。是以圣人处上而民不重，处前而民不害。是以天下乐推而不厌。以其不争，故天下莫能与之争。"

所谓广大就是，不为自己的私利、功德、名声所侵染。任正非站在行业之外看行业，有了不同的生命自觉："一定不要使用在高速公路上扔小石子的办法形成自己的独特优势，要像大禹治水一样，胸怀宽广地进行疏导。牢记宽轨、米轨、标准轨距的教训，要使信息列车在全球快速、无碍流动。我们一定要坚信信息化应是一个全球统一的标准，网络的核心价值是互联互通，信息的核心价值在于有序的流通和共享。而且也不是一两家公司能创造的，必须与全球的优势企业合作来贡献。"（注：节选自《2015年市场工作会议上的讲话》，有删改。）在这段话语的背后，有一种自然的美。

任正非有一颗广大的心，可以跳出华为、行业、国家，俯瞰数码时代大系统的演化，能够看到一幅涉及文化、哲学等领域深刻变革的大画面。

迄今为止，华为可能是世界上员工持股最多而老板持股最少的公司。任正非是华为的创始人，可是在企业不断发展壮大的过程中，他却把自己的股权降到最小的比例，不得不让人佩服。用如此之少的股权数量来管理一家年销售额超过2000亿元的大型企业，不得不让人佩服任正非的能力。

无所不容的包容

独特的生长环境,让任正非有了一颗柔软的心,不管是苦难和资源,还是恐惧和喜悦,抑或是危险和契机,他都能觉察、包容和接纳。任正非说:"我们在吸引社会高端人才的同时,更要关注管理者、专家的内生成长,不要看这个不顺眼、看那个不顺眼,对做出贡献的员工,要放手让他们发挥作用。要接受有缺陷的完美,没有缺陷,就是假的。"

任正非曾经向国企保证要好好做,但国企不相信。结果历经人生冷暖之后,任正非具有了别样的视野。他终于明白了:生命力与生命的光环根本就是两回事,回归生命力,就是回归初心。

很多人都会看到任正非火爆的性格、思想的偏执、刻骨铭心的超越,却不知道,偏离只是表象。真正活在他心中的,是不断的回归和平衡。他认为,做人、办企业,绝不是沿着一条既定的坦途大道蒙头走下去,而是如同走钢丝一样,随时都会遇到危险。任正非没有按照既定的模式或套路来走,而是在混沌、颤抖中不断地把握节律和平衡的实际体验,积累了很多尝试和失败的精华。

世上的马有四种:最上等的马,只要一看到鞭影,就能知道主人的心思是快还是慢、向左还是向右；次等的马，要等到马鞭接触到皮肤表面，才会知道主人的心思；下等的马，等到感觉皮肉痛了，才会跑起来；而最下等的马，非要等到痛入骨髓，才会听话。

很多人都认为，最上等的马最好，最有方向感，最具备使命感，是第一等大才。当真如此？优秀的驯马师都知道，最劣等的马最好。原因就在于：一等大才到达一定的瓶颈后，就无法突破了；只有最劣等的马，最劣等的人才，经历过苦痛，才能愈加坚挺。在企业的运作过程中，最下等的马才是最有价值的。因此，在评定人才价值的时候，不能说"他资质很棒""他资质很差"等话。

企业是一个系统，并不是简单的理论阐述，而是管理实践中必须具备的视野。学习华为，既要学习它的管理策略，也要研究它的基本管理逻辑和成长逻辑。当然，更要看重任正非的企业家精神。

第四章

华为的项目管理：
建立合理的项目管理体系，
保证工作有序进行

项目关键是沟通

1998年华为花费巨资引进并优化了IBM公司的IPD集成管理模式,正式提出了"以客户需求为导向"的口号,明确了"了解客户需求—传递需求—依据市场需求准确定位创新"的流程,快速对市场做出反应,优化了客户服务。如此,不仅让华为从最初的技术驱动转向了市场驱动,还彻底改变了华为的技术管理和项目研发流程。

那么,如何才能做到"以客户需求为导向"呢?关键在于沟通。任正非认为,只有多跟客户进行互动和沟通,才能实现相互了解,才能形成密切的合作关系。任正非平时不喜欢接受采访,几乎不怎么参加社会活动,更很少接见什么人,可是只要是客户,无论自己多忙,无论对方是大客户还是小客户,他都亲自接见,从不怠慢。直到今天,依然如此。

为了提升跟客户的沟通能力,华为对员工进行了专门的客户沟通培训,员工不仅要掌握与客户沟通的技巧和方法,还要知道与客户沟通的重要性、必要性。通过这样的培训,员工不仅能快速而有效地与客户进行沟通,还能更好地为客户提供服务,同时形成更持久、亲密的合作关系。

为了强化培训的效果,华为内部还设立了客户评价考核机制,由客户对部门或个人做出评价，其结果会关系到员工的工作水平与业绩，更好地促进了员工与客户之间的互动交流。

一直以来，与客户进行沟通都是企业在生产和发展中重要的一个工作环节。在整个生产环节中，生产出产品后进行销售，有人购买并进行消费，之后生产商还要做好售后服务……。每个流程都与客户有着密切的关系，如何让客户购买并消费产品，如何做好售后服务，如何及时反馈客户的服务信息，如何在反馈信息后改进自己的生产……。所有这些问题的解决都需要与客户进行沟通。

很多企业为什么觉得自己已经做得很好了，客户还要挑三拣四、抱怨连连？为什么企业一直都在讨好客户，而对方却不领情？为什么企业努力给客户提供最好的产品和服务，对方却始终无动于衷？究竟是什么引起了客户的不满？从客户需求来说，造成客户不满的原因就是服务期望与服务获得之间的严重失衡。

比如，客户想获得更多的服务，同时抱有很高的期待，而企业只能为他们提供其中一部分服务，或没有为他们针对性地提供服务，或提供的服务质量不高。一旦出现了这种落差，客户就会觉得不满，就会觉得自己受了欺骗或没有得到应有的尊重。

对于企业来说，将客户不需要、不喜欢、不满意的产品或者服务销售给客户，只能吃力不讨好。所以，任正非说："不要总觉得将产品或技术卖给对方就没事了，关键要提高服务质量。"而提升服务质量的前提就是沟通。企业只要跟客户多进行沟通，就能更多地了解客户的需求，就能有针对性地为他们提供产品和服务，还能不断地纠正合作中的错误，并及时反馈客户信息。

当然，沟通并不是简单的对话，也不是简单的商业谈判形式，里面包含着众多技巧。换句话说，企业不仅要主动跟客户沟通，还要学会如何更好地沟通。华为的客户培训资料明确提到了一些沟通的基本原则：

首先，要想提高说服力，在交流之前要主动了解客户的需求与期望，制定合适的服务和衡量标准，制订科学合理的合作方案，提高方案的适当性、完整性、实际性和双赢性。为了在沟通中占据主动地位，为了显示出对客户的尊重和重视，在面见客户前，华为人通常都会设计一套相对合理的服务方案与合作方案。

其次，沟通时，要注意言行举止的细节和沟通技巧。比如：客户打来电话的时候，要尽量在响铃三次内接听电话，时间拖得太久，客户就会觉得你不想接电话或不急着接电话；见面时要穿着得体，举止端正，不卑不亢，语速适中；交谈时先说一些轻松愉快的话题，拉近彼此之间的距离，然后再逐步深入。当双方展开话题后，要有针对性地进行交谈，明确交流的方向和目标；将谈话重点放在客户身上，尽量让客户了解到自己得到的利益；如果客户提出的要求不合理，不要直接拒绝，要委婉地表示"可考虑一下""请求上级的指示"；要尊重客户做出的任何选择，尤其是当双方出现分歧或客户提出异议后，不要急于反驳。

第四章　华为的项目管理：建立合理的项目管理体系，保证工作有序进行

用RACI矩阵明确团队职责

矩阵式结构的出现标志着企业管理水平的一大飞跃。当市场环境一方面要求专业技术知识，另一方面要求各产品线能快速做出变化时，就要使用矩阵式结构管理。与众多主张建立三角形组织结构、强调组织结构稳定的企业管理专家不同的是，任正非建立的是一种能够发生变化的矩阵结构。他认为，矩阵式管理结构是公司的唯一出路，公司制定的制度都要有强化矩阵结构的思想，比如充分授权、加强监督等，一旦官僚主义盛行，就会对公司的发展造成阻碍。

华为的矩阵结构是应需而生的！华为所在的电信产业处于急剧变化中，每三个月就会进行一次大的技术创新。为了适应这种急剧变化，华为自然就要建立一套既可保持相对稳定又能迅速调整的组织结构。

华为建立的组织结构由一个静态结构、一个动态结构和一个逆向求助系统组成。一旦发现机会，相应的部门就会快速出手抓住机遇，而不是整个公司都去抓。在该部门的带动下，公司的组织结构必然会发生一定的改变。在这个过程中，流程并不会发生变化，但数量和内容会发生改变。一个系统发生了变化，所有系统都要跟着变，但这种变形是暂时的，一旦完

成了阶段性任务，就会恢复到常态。

为了适应迅速扩张的海外业务，华为的组织结构也发生着同步变化，充分体现了"纲举目张"的灵活性。比如：早在几年前，华为就将销售部门按区域划分成了国内和海外两大部分，分别由两位高级副总裁负责。海外部分又被分成八大区域，各区域都组建了区域总部，顺利地将决策职能前移，加快了海外决策的反应速度。

采用这种矩阵式结构，优点不仅能使人力、设备等资源在不同产品、服务之间进行灵活分配，还能让组织适应不断变化的外界要求。缺点是容易形成人浮于事、官僚作风。

任正非认为，华为永远都不会出现稳定的矩阵结构网，一旦该结构网收缩，就会叠加起来，要精减部门、岗位和人员；扩张时，这张网就会拉开，就要增加部门、岗位和人员。在这一过程中，流程会保持相对稳定。为了找到最适合的组织结构，华为时刻都在不断调整着。

坚持下去，永不放弃

优秀的创业者都具备这样的觉悟——不是"我想要"成功，而是"我一定要"成功！因为，只有与众不同的经历，才能创造出别样的未来。不管目前的境况如何艰难，不管前面的道路如何崎岖，都要果断斩断退路、

第四章 华为的项目管理：建立合理的项目管理体系，保证工作有序进行

把自己逼上悬崖，积极行动，坚持下去，永不放弃，如此创业的成功率就能从 1% 扩大到 100%。

华为之所以能够在寒冷的"冬天"活得如此温暖，绝不是无缘无故的。在将近 30 年的发展中，华为一直都坚守一种精神——乌龟精神，从创业初期的一只小土龟，之所以能够进入无人区，不是因为找到了风口，不是因为长了一双隐形的翅膀，而是因为它一直都在像乌龟一样坚守目标、努力前行。

一次，任正非接受新西兰记者采访。记者问他："华为是如何成功的？凭什么能够成为行业第一？"任正非用四个字做出了回答："不喝咖啡。"任正非一直都在努力，他把竞争对手用来享受生活的时间用在了努力奋斗上，紧盯目标努力地向前爬着，逐渐缩短了华为跟竞争对手的距离；爬着爬着，就赶上了竞争对手，就跟竞争对手站在了同样的高度；再爬下去，前面没有人了，只有自己。今天，华为已经跟后来者拉开了距离，这就是华为多年来坚守的结果。

在这个过程中，华为没有任何秘密可言。它没有通过上市或并购等捷径去实现瞬间的膨胀，抵住了诱惑、耐住了寂寞，高度聚焦，坚定不移，将坚守的力量充分发挥了出来。在这个厚积薄发的过程中，每天都在积蓄着新的力量，不管环境多么恶劣、距离多么遥远，华为都能克服和跨越。

在一路的爬行中，华为只重视过程，不关注结果。它把结果交给了上天，相信只要坚持，就有回报。就是因为具有这种"种瓜得瓜，种豆得豆"的心态，相信天道酬勤，相信坚持的力量，华为才取得了今天的成绩。同样，不懂坚守、放弃了初心，也就不可能有今天的华为。

华为的成绩来自于创业和创新。多年来，华为的研发投入累计超过上

读懂华为30年：
执念是一种信仰

千亿元人民币。早在 1996 年，任正非就为华为定下了纪律：每年都要按照销售额的 10% 提取研发费用，并不断呈现出加大的趋势。想想看，如果拿这些钱用来并购，华为还需要花这么大的力气去拼杀吗？还需要艰难爬行吗？甚至还可以直接拿这笔钱去做房地产。

今天，华为建了很多研究所，盖了很多房子，任正非本人也是建筑类专业出身，如果想进军房地产领域，一定能成功。但是，正是这样一笔看似不划算的账，成了华为成就的内生力量。所以，今天的华为每天都会申请 8 个专利，在 2008 年、2014 年和 2015 年，华为获得的专利数都是世界第一。

华为之所以能在专利上获得第一，就是因为它有真金白银的投入。没有投入，何谈创新？不论身处行业的冬天，还是经济大环境的春天，华为一直都坚持自己的价值观。企业究竟最后能走多远，取决于速度和时间的乘积。兔子虽然跑得快，但是它无法坚持下去；乌龟虽然跑得慢，但它永不言弃。

华为就像一只小龟，认定目标，心无旁骛，努力爬行，不仅越过了高山，还漂洋过海，走向了世界。它紧紧围绕客户价值，亦步亦趋，满足着客户的要求。结果，爬着、行着、追着、赶着，就长成了大象龟，不仅超越了兔子，还长成了一头大象。

项目是细节堆起来的

密斯·凡·德罗是20世纪世界四位最伟大的建筑师之一，有人让他用一句话来概括自己成功的原因时，他只说了五个字——魔鬼在细节。他强调说：不管你的建筑设计方案如何恢宏大气，对细节的把握不到位，就不是好作品。细节的准确、生动可以成就一件伟大的作品；疏忽了这个问题，会毁坏一个宏伟规划。

在管理学中有个著名的"木桶理论"：把企业比作木桶，企业各个环节就是围成木桶的木板，不管木桶多大，由于木桶的装水量都取决于最短的一块木板，因此企业的经营实绩就取决于最薄弱环节；而在这个薄弱环节，即使一个小细节出现问题，也会铸成大错。

英国流传着一首民谣："少了一个铁钉，丢了一只马掌；少了一只马掌，倒了一匹战马；倒了一匹战马，失去一个战役；失去一个战役，丢了一个国家。"1485年在一次关键战役中，理查三世坐骑的一只马掌上少了一个铁钉，结果战败，失去了统治权，这是对"细节是魔鬼"的典型例证。

华为人认为，精确是技术研发的第一要义。在技术资料中的不精确数字，不仅一点意义都没有，还可能引发严重的后果。

为了对各类资料和数据进行整理和收集，华为成立了资料开发部。为了提高技术手册的质量，部门组织了一次归档资料突击测评，结果一本125页的技术手册，还没有全部检测完，就发现了163处文字错误、数字不规范的地方。比如：将"登录服务器"写成了"登陆服务器"；将"5um（微米）"写成"5mm（毫米）"。华为人认识到了细节的重要性，一点点改正，终于把资料的错误率降低到了合理限度内。

细节直接关系着企业的运营成本。华为曾给员工算了一笔账，在一个月内：

每个员工每天多打一个闲聊电话＝黔南山区10个孩子1年的学费。

每人每天浪费一两米饭＝购买2000公斤优良稻种。

华为从小处严抓铺张浪费，比如，为了提醒工作人员下班之前别忘了关掉电灯、电脑、门窗等，很多部门的墙上都贴有"下班之前过五关"的卡通画。员工已养成了随手关电源的习惯，每月能够节约几十万元电费。为了节约纸张，公司还要求员工，不要把报废的打印纸随意丢弃，一定要再利用，比如，可以在背面贴报销单据。

华为认为，从卫生保洁到财务分析会议，每件事都可能成为重大的事，要从最小的行动中预见最终的结果，每个行动的细节都值得关注。为了使"细节文化"深入人心，华为经常组织各种学习活动，对员工开展思想教育工作。

不仅如此，华为在产品上也异常重视细节的处理。

今天，很多人之所以喜欢购买华为手机，一大原因就是华为手机将细节处理得异常巧妙，使用起来很顺心。比如，过去很多人都会将手机放到包包或衣兜里，手机容易受到摩擦，人们就会担心手机会自动拨打。华为手机在这一点上进行了细节设计：手机处于锁屏状态，只要屏幕上方感应到存在遮挡物，就会自动锁定屏幕。如此，就能在一定程度上避免手机放在背包里时自己解锁拨打电话。

还有一个令人心动的设计细节是关于音量设置的。带上耳机的时候，华为手机音量的初始设置为80%，如果想增加音量，手机会做出提醒："配带耳机时音量过大会影响听力，但如果想继续增加音量，也可忽略提示。"

这样的细节，是不是很贴心？

不管是企业管理，还是产品制造，都是由一个个细节堆积起来的。忽视了细节，企业运作就会出现问题，产品更无法赢得消费者的认可。记住：华为工作的开展，离不开细节的处理！

流程制度的过程控制

在建立 IT 系统前，华为发出货物就宣告万事大吉，并不会把货物的详细信息提供给客户，这导致客户在接到货物后必须重新填制收货单据。这种服务模式的影响是，入账重审、内部资产等后续环节停滞不前，时间耗费掉了不说，流程作业如泥牛入海连个浪花都没有产生，典型的白费工夫办瞎事。为解决这个问题，去除作业流程中的劣势，华为构建了电子化的客服流程服务，一方面让客户省时省心，另一方面己方也减少了等待时间，一举扭转乾坤，化劣势为优势。

因此，华为要求员工：一旦开始操作，就必须对各个关键环节的执行情况进行监控，以确保工作任务按照计划进度开展，并在此基础上提升效率。那么，如何掌控作业流程中的关键点呢？

环节1：精简冗余

任正非曾多次向全体员工发出指示：让一线直接来决策！为了将一个庞大的企业集团牢牢地控制在手中，任正非付出了很多；可是，当他实现了这一点时却发现，在一线上奔忙的员工渐渐缺少了当年创业时的激情和敏锐。他恍然发现，企业中设置了过多流程控制点，冗余的环节阻碍了上传下达的流畅性，降低了工作效率，同时也磨灭了员工的热情。

任正非认为，去除流程中的冗余环节，让工作流程的各个环节得到精简，是优化工作程序、提高工作效率的第一步。已成为华为中层管理者的刘宁说："我现在最大的爱好之一，就是分析工作流程的网络图，每一次能去掉一个多余的环节，就少一个工作延误的可能，这意味着大量时间的节省。这两年来，我去掉的各种冗余工作环节达70个，粗略评估，省下的时间高达3000多个小时，也就是120多天！"

环节2：合并同类项

除冗的另一种方法是合并同类项。合并的作用不仅在于化零为整，更在于能叠加优势，消除劣势。在华为，如果当前的工作环节皆不能被取消，管理者就会换个思路，将各个环节适当加以合并。合并是指，将两个或两个以上的事务或环节合为一个。例如，工序或工作任务的合并、工具的合并等。很多情况下，各个环节之间的生产能力不平衡，有的人手短缺，有的则人浮于事，忙闲不均，将这些环节加以调整和合并，就能去劣存优，取得立竿见影的效果。

环节3：合理排序

任正非要求："员工参加管理，不断地优化从事工作的流程与工作质量……改革一切不合理的流程。"那么，如何改进才能调整不合理的环节，保证流程的合理，达到化繁为简的目的呢？衡量各环节安排的合理度。华为通过"何人、何处、何时"三个问题，确认流程中各个环节的安排是否合理，一经发现不合理之处，立即推倒重来，使各环节保持最佳的顺序，保证工作环节的有序性。

（1）何人。该环节由谁操作？操作技能是否娴熟？该环节是否为该员工最擅长的？是否存在岗位与员工能力不匹配的现象？如果让熟悉第一环节工作的员工从第二环节调回，可以节省多少时间？

（2）何处。各环节的操作场所之间距离远近如何？是否便于工作交接？如果将某环节的操作场所加以调换，是否可以使工作交接时间更短？调整设备仪器的摆放位置后，操作者使用起来是否更方便、时间更短？

（3）何时。从第一个环节开始至最后一个环节结束的时间，包括在各个环节之间的移动时间、加工时间及由于机器故障、部件无法得到等问题引起的延迟时间分别是多少？时间安排是否过于紧凑，使员工紧张、疲劳？或过于宽松，难以在交期前完成任务？

考核的责任结果导向

2010年在华为PSST体系管理者大会上，任正非讲道：

"要坚持以结果为导向考核员工，包括长期的、中期的和短期的结果。不要跑偏，不能凭考试涨工资，不能凭技能涨工资，而要看结果，看贡献。考试不能多，不要让员工把精力聚焦在考试上，要聚焦在多做贡献上。聚焦于考试，有些人就会占便宜。有些人一次性把事做得很好，但考试成绩不好，就会受到打击。即使对主管进行考试，也可能不及格。考试成绩好，就能当管理者吗？我不会选一个只是考试成绩好的人来当管理者。在管理者评价体系上，我们更强调贡献，用贡献来衡量绩效。

"对员工的评价，要看贡献，而不是加班加点。有些管理者以加班多少来评价人，以加班多少来评劳动态度，这种评价有问题。有些人能够在短时间内将活干完，质量还很高，贡献也很大，但就是不加班，只能说明他可能是个潜力很大的人，可以给他换个岗位，让他多做一些工作，可以提拔一下，让他发挥更大的价值，绝不能搞形式主义。"

绩效管理能够体现出一家企业对员工综合评定的公正性，但是在实际管理中，绩效评定也不是件容易的事，很多企业虽然下了很大工夫，但结果并没有让员工信服，没有起到预期的效果。所以，现实中的员工考核，总会受到员工的质疑。员工抱怨说"考核标准不公平"，部门负责人抱怨考核标准难以落实，使得考核成为形式主义。

在企业管理方面，任正非非常重视对员工绩效进行考核。随着华为的不断发展，任正非对员工绩效考核的标准也日益清晰。在华为创立的早期，员工考核不规范，同样也没有设置真正的绩效考核体系。那时，人力资源部门主要关注的问题是：空缺的岗位是否及时填补、工资是否照常发放等，至于员工绩效考核的指标等问题，基本上都忽略了。

随着企业的发展，员工绩效考核变得越来越突出。有些员工觉得自己比别人做得好，但年底奖金却没有他人多，心怀不满。任正非知道，要想让企业稳定发展，就得让员工的心稳定下来。因此，华为人通过不断地摸索，明确了员工绩效考核体系。

如今，华为人力资源部在员工绩效考核方面越来越细化，对员工岗位职责的描述也更加详尽。每年年初的时候，各员工都要制定绩效目标，然后努力达成这个目标；在员工努力的过程中，各级主管要对下属的目标进行必要的调整和协助；到年底考核时，人力资源部会将员工的绩效结果与奖励机制进行挂钩，彰显考核标准：坚持以绩效结果为导向考核员工。如此，就实现了多劳多得。

华为会根据员工做出的贡献给予相应的激励，使员工将精力集中在实现绩效目标方面，并进一步理顺了对员工的考核管理。具体操作时，华为的绩效管理是从上而下进行。其中，绩效考核分为A、B、C三个档次，每个档次的绩效奖金差别约有5000元；绩效考核按照员工的比例进行固定分配，A档次的员工占5%，B档次的员工占45%，C档次的员工也占

45%，剩下的 5% 的员工为最末一档。

同时，为了给考核不理想的员工以改进机会，华为还规定：连续几个月都被评为 C 档或末档的员工，将面临被降级或被淘汰，不仅会降低职位，奖金也会随之减少。在绩效考核方面，华为有着较强的透明度，通过绩效考核单中的详细款项，员工能清楚地看到自己在过去一年中做得好的地方与做得不好的地方，从而更好地加以改进。

第五章

华为的客户管理：
客户为王，做好客户管理

为客户创造价值

华为的成功并没有多少秘密,只是将一些基本的常识坚持到了极致,就像宗教一样,任正非成了教父。其实仔细想一下,哪个企业不像一座庙,念着自己的经,吸引着自己的信徒?把常识推行到极致,就成了宗教,道理就这么简单!

华为的信仰就是客户,只要客户不消亡,华为就有存在的必要。归根结底,就是要保持对客户的尊重和敬畏,不断地以客户为中心,用客户的要求去审视自己,找到差距,抓住机会,规划方向,带领团队实现梦想。

任正非曾说:"为客户服务是华为存在的唯一理由。"如何理解"以客户为中心"?以客户为中心,关键是要将客户需求真正落地:明确什么价值是客户需要的,创造客户认可的价值,建立以客户为中心的生态体系。

客户是企业收入的唯一来源,是企业存在的唯一理由。企业为客户服务就能获得收入,之后就能给员工、供应商或股东分享收益,就能给政府缴税或对外投资。华为把"以客户为中心"这句话作为六大核心价值观之

第五章 华为的客户管理：客户为王，做好客户管理

一，认为客户是华为的衣食父母，天底下唯一给华为钱的只有客户，华为之所以能够活下来，关键就在于坚持以客户为中心。

利比亚战事爆发后，众多欧美知名移动设备提供商纷纷在第一时间选择撤离，我国政府也安排专机接送在利比亚的华人华侨。面对这样严峻的人生考验，是回到家人身边，还是坚守在客户身边，很多华为员工都选择了坚守，因为他们知道当时网络和通信的安全与稳定对于客户是多么重要，因为他们知道这时是客户最需要他们的时候。于是，他们就主动留在客户身边，帮客户确保网络和通信的安全与稳定。

华为员工也知道这种选择伴随着巨大的风险和牺牲，但是为了客户，为了网络的稳定，他们用自己的实际行动为我们诠释了什么是"以客户为中心"。这番坚守赢得了客户的信赖和赞誉，利比亚战事结束后，华为在利比亚获得了远超越竞争对手的移动通信设备订单。

同样，日本福岛爆发核危机后，华为董事长孙亚芳带领的华为日本团队不仅没有撤离，反而增派人手，沉着、冷静地参加了抢险，在一天内协助软银、E-mobile 等客户抢通了数百个基站。

当然，对于华为来说，类似案例还有很多，也许这就是文化和信仰的力量。任正非在华为伊拉克代表处发表过一次讲话，这次讲话让我们再次体会到了华为以客户为中心的职业使命感：

我们的主要工作是为社会提供网络，这种覆盖全球的网络，任何时候都要稳定运行。如今，我们提供的产品与服务已无处不在，无时不在，无论在缺氧的高原、赤日炎炎的沙漠、天寒地冻的北冰洋，还是在布满地雷的危险地区、森林、河流、海洋……只要是有人的地方，都会有覆盖。我司已为全人类的 20% 提供了通信服务，不管在任何时候、任何情况下，我

们的网络都不会间断。在宽广的地域范围内，随时都会发生瘟疫、战争、地震、海啸，因此在选择工作岗位时，员工就应与家人一同商量好，做好风险的控制与管理，不要有侥幸心理。

华为并不意味着高工资，高工资意味着高责任。华为将推出本地化薪酬，做一般劳动者也没有什么不光荣。我们的职业操守是维护网络的稳定，这是与其他行业所不同的，豆腐、油条店等……可以随时关掉，我们永远不能。曾经在安哥拉，我司的当地负责人不请示公司，就背弃了当地政府，背弃了运营商和合作伙伴，私自撤离，最终酿成大错。之后很多年当地政府都坚决拒绝华为再进入安哥拉，我们为此付出了巨大的代价才重返安哥拉。

任何时候都会有动乱发生，不管在任何地方、任何时候，我们都只对网络的基本稳定承担责任；不管在任何地方、任何时候，我们都决不会介入任何国家的政治。放弃网络的稳定，会有更多的人牺牲。日本的50死士不牺牲，事故的扩大，就会有成千上万的人牺牲。任何事业都不是一帆风顺、布满鲜花的，我们选择的职业，是有一定责任的，而且担当重要职务的员工，责任更加重大。

我们所有的干部管理者，要如解放战争期间的共产党员一样，"冲锋在前，退却在后；吃苦在前，享受在后"。我们的各级骨干，应该具备这样的精神！

这就是华为需要的职业责任感！

眼睛盯着客户，屁股对着老板

华为员工是如何工作的？有这样一个故事：

在深圳飞往北京的航班上，60多岁的任正非坐在头等舱的最后一排，捧着一本书看。三个小时后，飞机在首都机场降落，任正非起身，从行李架上取下行李，快步融入川流不息的客流中，没有前呼后拥，没有迎来送往。

其实，这只是任正非工作中的一个小插曲。每次到国内某地出差或度假，他都不会通知所在地的公司负责人，下飞机后，会独自乘出租车直奔酒店或开会地点。华为的高管基本上都是如此。这种做法，并不代表着领导层的道德觉悟有多高，也不是华为的出发点，而是体现了华为的价值观：客户重要还是领导重要？这一答案，关系着华为的胜败存亡。

任正非多次向团队发出警告："企业上下弥漫着一种风气，崇尚领导，忽视客户，管理团队的权力太大，很少关注客户；向上级汇报的胶片多姿多彩，领导出差安排得如此精细，还有多少心思用在客户身上？"

任正非甚至还直截了当地下指令："你们要脑袋对着客户，屁股对着领导。不要为了迎接领导，像疯子一样，从上到下地忙着做胶片……不要以为领导喜欢你就能升官，否则我们的战斗力会削弱。"

在一次会议上，任正非进一步指出：在华为，坚决提拔那些眼睛盯着客户、屁股对着老板的员工；坚决淘汰那些眼睛盯着老板、屁股对着客户的管理者。前者是公司价值的创造者，后者是谋取个人私利的奴才。

"我是谁？""我从哪里来？""我到哪里去？"永远都是企业最基本的哲学问题，几乎所有的成功企业在发展的每个阶段对此都有正确的理解和坚持。华为成长壮大的炼金术就是华为的核心价值观：以客户为中心，以奋斗者为本，长期坚持艰苦奋斗。

这三句话，看似简单平实，却是自华为成立之日起，任正非和同事一直都在苦苦思考和追寻的正确答案，如今已经融入华为文化的骨髓，成为每位华为人的信条。

一次，任正非给到华为取经的欧洲某大型电信企业的高管上课，授课的题目就是"以客户为中心，以奋斗者为本，长期坚持艰苦奋斗"。他说：

这就是华为超越竞争对手的全部秘密，这就是华为由胜利走向更大胜利的三个根本保障……我们提出的三个根本保障并非先知先觉，而是对公司以往发展实践的总结。这三个方面，也是个铁三角，有内在联系，相互支撑。以客户为中心是长期坚持艰苦奋斗的方向；艰苦奋斗是实现以客户为中心的手段和途径；以奋斗者为本是驱动长期坚持艰苦奋斗的活力源泉，是保持以客户为中心的内在动力。

切入客户的"痛点"

任正非曾多次对华为的管理层强调：客户需要什么，我们就做什么。所以，作为一家科技企业，华为没有迷恋技术论，而是切入客户的痛点。任正非通过统计得出，破产的企业不一定都输在技术不先进上，而是没有考虑到客户的需求，使自己的产品无法被人们接受，时间长了企业也就无法经营下去了。

其实，任正非曾经也追求过技术上的完美，也曾因此失去过几次商机。比如，20世纪90年代中后期，从技术上来说，虽然小灵通已经被国外先进国家所淘汰，但在我国的特定市场上却一度需求旺盛，让很多企业从小灵通的商机中获得了不错的市场效益，而华为却没有抓住本来可以到手的商机。任正非也从这件事中认识到，技术人员如果缺少市场意识，即使技术再先进，也无法获得应有的利润。因此，任正非便大胆地从战略上让华为完成了从"以技术为中心"向"以客户为中心"的转变。

在一次研讨会上任正非对员工说："死抱着一定要做世界上最先进产品的理想，只能饿死，成为凡·高的'向日葵'。企业的结构调整要以商业为导向，不能以技术为导向，在评价体系中也要以商业为导向。"任正非认为，企业一定要随着市场变化、客户需求变化，来及时调整产品，因此让研发部门把自己研发的产品与客户需求结合起来。

有一次，华为承接了一项研发工作——为一家银行实现电子化系统。为了更好地给客户提供他们需要的产品，华为专门成立了解决方案部。在这个部门里，不仅有资深的研发人员，还有各业务部门内经验丰富的员工。在对客户需求进行了调研后，华为将研发重点放在了金融信息化趋势和顾客需求的基础上，放在了为客户解决问题的方案上。结果，研发项目完成后，让银行客户非常满意。

在市场经济中，切入客户的痛点是一条亘古不变的真理与常识。不管是哪家企业，只要偏离了这个常识，就会在前进中走很多弯路。因此，在战略层面企业要树立起"以客户为中心"的意识。意识到这一点后，华为将自己的三大业务模块名称确定为运营商网络BG、企业业务BG和消费者业务BG，各业务模块都清晰地明确了相应的客户群体，凸显了华为对"切入客户的痛点"的坚持。

任正非明确地说："我们过去的成功是因为没有关注自己，而是长期关注客户利益的最大化，关注运营商利益的最大化，千方百计地做到这一点……华为聚焦的是客户，而不是对手。"基于对"切入客户的痛点"的深刻认知，任正非还强调，企业在进行战略策划时，一般都会考虑到如何应对竞争对手，企业对竞争对手的关注要适度，不要影响到对客户的关注度，否则会削弱企业的竞争力。

在具体阐述"切入客户的痛点"这一战略常识时，任正非指出："不管做任何事，都要因时因地进行改变，不能教条，关键要满足客户需求……我们一定要做商人。科学家可以一辈子只研究蜘蛛腿的一根毛，但我们只研究蜘蛛腿,谁给我们饭吃?因此,不能光研究蜘蛛腿,还要研究客户需求。"

伴随着华为的发展与壮大,任正非付出了很多心血,这一点,从任正非的多次讲话中都能深深地感受到。无论是任正非的《坚持顾客导向,同步世界潮流》《全心全意对产品负责,全心全意为客户服务》,还是任正非的其他讲话或文章资料,都能够看到任正非对"切入客户的痛点"的重视与坚持。正因为如此,华为才能从无到有、从小到大、从弱到强,一步步地成长起来,才能在国际市场大舞台闪亮登场,成为世界通信业最大的设备商。

为客户提供"保姆式"服务

一直以来,关注客户需求,都是华为服务的起点;满足客户需求,都是华为服务的目标,而技术、品牌、市场份额、利润最大化等,都不是华为的根本目标。对华为来说,处于第一位的永远是服务。

对客户需求的关注,使华为赢得了客户的信任和支持。比如,在推出智能网初期,就得到了中国电信、中国移动、中国联通等公司的支持。各运营商为华为产品提供了宝贵的网上试验机会,为网络建设和业务运营提出了创造性的解决方案,使我国智能网业务在最短的时间里达到了世界先进水平。

高水平的服务能力是华为的竞争优势。在为联通客户提供增值的、量体裁衣的解决方案，增强客户竞争优势方面，华为都做得踏踏实实。以关口局为例，中国联通是目前国内唯一的综合电信运营商，业务网络包括 GSM 移动网络、CDMA 移动网络、固定数据网络和寻呼网络，对关口局建设提出了更多的关口局解决方案。华为 iGATE 构建于成熟的 iNET 平台，具备 GSM、CDMA、固定数据网三种网络的关口局功能模块，不仅充分适应了联通网络的持续发展，还大大降低了关口局总体建设成本，并保护了客户的已有投资。

同样，华为独具优势的服务能力在联通综合智能网上也得到了充分体现。由于联通综合性的特征，智能网的优势无法得到充分发挥，为了发挥联通综合运营的优势，华为在准确理解客户需求的基础上，与联通合作在内蒙古、海南、上海等地开通了统一账号业务和综合 VPN 业务，实现了综合智能业务的成功运营。

这种为客户带来价值的服务作风和能力，得到了客户的理解、信任，致使固网、光网络、移动通信、数据通信和业务与软件五大产品领域都被联通广泛应用。

华为的核心竞争力就是，争得比竞争对手更多的服务客户。对客户的关注和尊重，使华为在业界建立了差异化竞争优势，在充分理解、掌握标准化的基础上，为客户提供了有针对性、个性化的解决方案，准确地满足了客户需求。从这个意义上来说，华为之所以能取得持续十多年的稳健发展，还在于其对客户需求的充分关注。

客户购买某个产品时，一般都重视这样五个方面：产品质量高、可靠稳定；技术领先，满足需求；及时有效和高质量的售后服务；产品的可持续发展、技术的可持续发展和公司的可持续发展；产品功能强大，能满足需要且价格有竞争力。华为将客户关注的五方面内容都渗透到了公司的各个方面。

1. 基于客户需求导向的组织建设

为了让董事会和经营管理团队（EMT）能带领公司实现"为客户提供服务"的目标，华为在经营管理团队专门设立了战略与客户常务委员会，主要承担务虚工作，拨正公司的工作方向。具体流程是：董事会和管理团队在方向上达成共识，然后授权管理团队通过行政部门去决策。该委员会，不仅要为 EMT 提供决策支撑，还要帮助 EMT 确保客户需求驱动公司的整体战略和实施。

2. 基于客户需求导向的产品投资决策和产品开发决策

华为的投资决策建立的基础是：对客户渠道收集的大量市场需求，进行认真分析，去粗取精、去伪存真，并以此来确定是否投资和投资的节奏。在开发过程的各阶段，已经立项的产品是否要继续开发完全取决于客户需求。

3. 构筑客户关注的质量、成本、可服务性、可用性和可制造性

在产品设计阶段，华为充分考虑和体现了可安装、可维护、可制造等需求，一旦将产品推出市场，整个流程都会提前做好准备，不仅摆脱了开发部、销售部、制造部、服务部等的割裂状况，也摆脱了产品推出后各环节不知道或没有准备好的状况。

4. 基于客户需求导向的人力资源和管理者管理

客户满意度是华为从总裁到各级管理者的重要考核指标之一，华为的

客户需求导向和为客户服务理念都包含在管理者、员工招聘、选拔、培训教育和考核评价中；通过强化对客户服务贡献的关注，固化管理者和员工的选拔培养。比如，每位刚进公司的员工培训时，都要学习"谁杀死了合同"这个案例，告诉员工：所有的细节都有可能造成公司的崩溃。

5. 基于客户需求导向的、高绩效的、静水潜流的企业文化

华为文化承载着华为的核心价值观，华为的客户需求导向战略能够层层分解并融入到员工的每项工作之中。不断强化"为客户服务是华为生存的唯一理由"，不仅提升了员工的客户服务意识，还使客户服务意识深入人心。

客户接待也是生产力

在企业的经济交往活动中，接待是一项非常重要的工作。接待客户的时候，企业要态度热情一些，多点诚心，多点礼貌；工作要实在些，多点细心，多点周到，多点方便，让客户充分感受到尊敬、礼貌、友好、热情和方便。如此，才有利于客户选择企业的产品与服务。

创办企业，一定会涉及客户的接待，接待客户的方式和能力在一定程度上反映了企业对客户第一价值观的实践程度。不同企业接待客户的流程和服务都有差异，而华为却是在客户接待方面做得最到位的一家企业，

也可以说是贯彻"客户第一"的价值观最为彻底的企业。华为是如何做到的？

华为负责客户接待的部门是客户工程部，由任正非的儿子亲自管理，华为对于客户接待工作的重视由此可见一斑。华为将客户接待作为一项系统工程来对待，在客户参观华为的前两天，客户工程部工作人员会先跟客户通过电话进行行程安排、相关接待细节等事宜；在前期的沟通环节，工作人员尽可能了解更多的客户信息，比如客户来访人员核心领导人员名单、性别、年龄和民族等信息，还要了解客户此次参访最大的诉求。

当天的参观接待，华为会安排一辆礼宾引导车对客户进行全程陪同引导，一般是奥迪或奔驰等世界名车。为了给不熟悉路程的客户提供方便，华为的礼宾车会提前15分钟停靠在高速公路华为出口，礼宾车司机都是经过严格选拔的，不仅驾驶技术过硬，身高和长相也是出类拔萃。华为工作人员会诚挚地邀请参访企业带队领导乘坐礼宾车，显示出对客户的尊敬和重视。华为基地很大，在参访华为期间礼宾车会一直担任引导角色，工作人员也会在不同的参观地点进行电话沟通和确认，确保客户在不同的地方都能得到热情接待。

客户参访华为的第一站通常都是华为产品展厅，这里挂着一幅显示有"欢迎某某莅临华为参观"的电子欢迎牌，每个参访华为的人都会产生一种宾至如归的感觉。接着，华为会安排全体参访人员合影留念。参观华为产品展厅，能够全方位了解华为的产品与服务，给客户以最直观的感受。华为企业展厅不仅是展示华为最新产品和应用的地方，展厅的设计还融入了众多的客户互动和体验环节，通过客户的亲身实践与感受，就能增进客户对华为产品的感知。

之后，华为会安排客户参访立体物流基地、华为大学、华为百草园等地方。不管在哪个地方参观，接待人员总能提前在入口处微笑迎接，都会给客户提供专业耐心的讲解；同时，随同接待人员也会不时地询问客户是否还有其他需求。只要是客户提出的，只要在合理的范围内，工作人员都会尽可能为其提供支持和帮助。

在客户接待方面，能够做到这样的企业，简直是凤毛麟角，可是华为却做到了。从这一点来看，华为客户工程部与其说是一个客户接待部门，倒不如说是一个销售前沿部门。客户工程部不仅成功地让客户认识和了解了华为，还做了一次产品的售前顾问，拉近了与客户的关系，为日后的销售跟进做了良好的铺垫。

管理客户满意度

华为基本法里明确提出：要以服务来确定队伍建设的宗旨，以顾客满意度作为衡量一切工作的准绳。在服务过程中，如果无法推动客户解决维护中的隐患，以种种理由辩解，不管原因在客户还是自己，都会增加客户对产品和服务的不信任，降低客户满意度。

理念1：服务没有任何借口

面对客户提出的问题，企业总会找这样一些借口：客户清关延迟，工程迟迟没有开工；客户电源中断，设备断电、业务中断；市场合同配置错误，造成缺货，导致工程窝工……

所有的这些借口都不能成为服务工作中推卸责任的理由，完全可以把服务工作做得更好一些。例如，对前面的几个问题可以这样分析：对于客户准备不足问题，要想办法帮助他们解决或提前推动他们解决，不能一味地等待，耽误进度；对于设备故障类问题，要主动做好服务，通过巡检、网络优化等发现和排除设备隐患，给出具体的维护建议和优化建议并落实，避免设备故障发生；对于合同配置问题，要主动提前协助对配置和货物进行认真检查，分析是否正确无误。

理念2：功劳让给客户，问题留给自己

这里有两层含义。一是功劳让给客户，不管真正的功臣是谁，都要让客户脸上增辉，因为只有客户高兴了，得到了客户的认同与赞赏，他们才会记住背后的企业。只有如此，客户满意度才能更上一层楼。二是要把问题留给自己。一旦出现设备或工程问题，不要急着分析是谁造成的，首先要将问题解决掉。

将问题快速解决，客户才会真正认可企业的服务，如果这时他们发现问题的真正原因在于他们自己，而你却把它当成自己的问题来全力处理，他们肯定会很感动。反过来，如果企业一味地推卸责任，在问题没有搞清楚前就说是客户的原因或其他厂家设备原因造成的，客户就会觉得你在推卸责任。如果最后发现真正的原因就是企业自己，企业的服务品牌也就毁于一旦了。

当然在解决问题过程中，如果问题确实出在客户或友商身上，企业还可以用大量事实来向客户做出解释，并协助他们来解决，但态度一定要谦虚。

理念3：帮客户获得他要的孔洞

如果客户买了一个钻头，却没有钻孔机、没有电源，或者不知如何使用钻头等，而无法得到孔洞，就要帮助他们去解决这些问题；同样，如果客户购买了企业的设备，想用这套设备来满足他的客户需求并获得利润，就要帮助客户来实现这个"孔洞"。因此，在客户服务中，要看到客户的最终需求是什么，并通过切实的行动满足他们的最终需求。

理念4：离客户越近，心里越踏实

设备出现了故障，客户首先会打电话告诉你，就说明你离客户最近，客户最信任的是你；如果客户遇到了困难或问题，第一个想到的依然是你，就说明你和客户的关系已经很铁了，不仅是合作伙伴，更是一种朋友的联盟。因此，一旦发现设备存在可能的隐患，就要尽快通知客户，客户一定会将你当成知己和贴心人。离客户越近，心里越踏实；跟客户打交道的次数越多，越能优先满足客户的期望。

理念5：以服务赢得市场

一旦深刻理解和秉承了以上服务理念，并付诸对客户的点滴服务中，相信没有哪个客户会拒绝购买你的产品，因为客户买到的不再只是产品，而是全套解决方案，一种真诚到永远的友谊和联盟。目前，各运营商普遍都在关注运营和维护能力，服务的竞争已经呈现出超过商务和技术竞争的趋势。因此，强调服务在市场拓展和销售中的重要性，以服务促销售应是企业坚定不移的方针。

第六章

华为的财务管理：
做好财务管理，
成本控制比扩大市场更有效

管理中最难的是成本控制

"华为基本法"第82条规定:"成本是市场竞争的关键制胜因素,成本控制应当从产品价值链的角度,权衡投入产出的综合效益,合理确认控制策略。"对于成本费用的控制依据不能是"多与少",应该是"是与非",关键要衡量投入产出比。

控制成本费用,不一定要追求成本费用总额的下降,应尽可能地让成本费用带来增量产出。华为在成本费用控制方面,主要关注五方面的内容:设计成本、采购成本与外协成本、质量成本、库存成本、期间费用。其中,重点是控制设计成本、质量成本。

1. 设计成本

所谓设计成本是指,企业设计的一种产品从开始到完成,整个过程所需要投入的成本。设计产品时,根据设计方案规定使用的材料、生产工艺过程等计算出产品成本,都是一种事前成本,并不是实际成本。设计成本决定着后期生产过程中80%以上的成本。在生产制造环节,要想降低成本,虽然不容易,但也能做到。要想控制生产成本,就要将着眼点前移到设计环节,将产品设计方案做到最经济,让消费者收获更高的性价比。

2. 采购成本与外协成本

采购成本与外协成本取决于业务规模与议价能力，议价能力同样也取决于业务规模。要想降低这两项成本，最好的方法就是不断拓展业务，实现规模经济。

3. 质量成本

质量成本是华为成本控制的重点，如果产品质量不可靠，必然会导致退换货，还会提高维修、运输等成本。如果产品直接面向消费者，产品质量问题还有可能损坏到公司的整体形象，甚至给公司带来毁灭性灾难。因此，一定要重视质量成本。

4. 库存成本

库存过高，不仅会增加仓储费用，还会增加资金占用成本。存货库存主要包括两部分：原材料和产成品。在市场生产过剩的情形下，企业要具备控制产量的意识，要维持一定的安全库存，做到订单生产。对于原材料，要重点关注版本升级造成的呆料和死料。

5. 期间费用

很多企业把成本控制的重心放在了期间费用上，比如：预算控制、总额控制、比率控制、人均控制等。可是即使使用了众多方法，控制效果也不好。原因就在于，期间费用所占成本费用比重不大，监管难度却很大，本着成本效益原则，就不要对期间费用进行过多的干预了；对期间费用的控制中心则可以后移，体现在利润的考核中。华为对期间费用控制的理念是，只要不浪费就行。

做财务的也要懂业务

看到任正非最新签发的奖金制度,财务人都很羡慕,更加赞同"钱给多了,不是人才也能变成人才"。可是,天下没有免费的午餐,不仅要羡慕华为的高收入,更应该看到华为的高标准。由任正非女儿孟晚舟负责的财务系统,就曾受到任正非的严厉苛责,甚至还通发邮件进行了批评。

让任正非发飙的是一篇刊登在华为《管理优化报》上的文章——《一次付款的艰难旅程》。该文主要讲的是,华为内部的财务审批流程太复杂、财务人员经常设阻力等。文章部分内容如下:

一线人员,找不到流程入口、不知道流程的所有要求和操作规范,流程指导和说明往往比流程本身更难懂;我们的流程建设针对的一般都是某个具体业务场景,防范的是特定风险,在设计上防卫过当,不考虑执行成本,更不用谈面向对象的流程拉通和友好的用户界面了;公司呼吁各级主管要担责,但现实的流程、制度或监管组织却不信任主管。经常遇到的场景是:"我是负责×××的,这个风险我愿意承担,流程能否走下去?"答曰:"你担不起这个责任,请重新提交流程或升级到谁谁谁处理"……

之后,这篇文章在华为内部员工沟通社区"心声社区"上引发了员工关注讨论,并最终引起了任正非的关注。

任正非曾不止一次地提到对财务人员的四点要求:

(1)财务如果不懂业务,只能提供低价值的会计服务。

(2)财务必须有渴望进步、渴望成长的自我动力。

(3)没有项目经营管理经验的财务人员,就不可能成长为CFO(Chief Executive Officer,首席财务官)。

(4)称职的CFO随时可以接任CEO。

一言以蔽之,财务人员要融入业务。

财务融入业务,是华为对财务人员的基本要求。为此,华为甚至还制定了财经管理与业务管理的双向交流计划。财务管理者要懂些业务,业务管理者要知晓财务管理,要有序开展财经和业务的管理者互换及通融,高效、及时、稳健地抓住机会点,在积极进攻中实现稳健经营的目标。

从各业务部门抽调管理者到财经管理部任职,就能加强财经组织的业务建设,改变财经组织一直以来简单、固执、只会苦干不会巧干的做法。任正非认为,在财经部门里加入一些沙子,就能形成混凝土,并不是要取代财务人员。

准确的预测,不仅有助于公司做出正确的决策,还能优化公司的资源配置。财务分析报告在结尾处往往要对全年经营指标进行预测,预测准确与否,一定程度上也是检验财务分析效果的标尺。

铁三角：预算、统计与审计

在经济并不景气的背影当下，华为逆势上扬，年销售、利润增长均超过30%。之所以能取得这样的显著成绩，离不开先进的企业理念和管理经验。财务理念超前的华为，在15年前就已经做到了账务集中管理，打破了法人实体概念，重新建构了公司的运行逻辑。

在描述公司会计核算、财务管理与审计监控三者关系时，任正非认为：全球统一的会计核算和审计监控是长江的两道堤坝，只有这两道堤坝足够坚固，财经管理职能才能从容有效地开展。

华为的会计核算不同于众多企业尤其是中小企业，还有一般集团公司的做法，会计核算打破了法人架构这一局限。一般母子公司采用链条式管理，每个法人实体都有自己的财务部，报表自下而上层层上报，华为却不是这样的。其会计核算打破了传统的法人架构，子公司被融合成一个整体。换句话说，子公司更像是华为的一个部门，是数据核算上的一个维度，子公司财务报表与区域财务报表、产品线财务报表、客户群财务报表和合同利润表等基本上都是等价的。

第六章　华为的财务管理：做好财务管理，成本控制比扩大市场更有效

在华为的组织架构中，财经体系是一个独立部门，主要管理公司的财务人员。华为的整个财务职能大体被分为三部分：会计核算（账务）、财经管理和审计监控（内审），只有同时保障账务和内审的财务数据的足够准确，财经管理的决策才值得信任。

目前，华为实行资金集中管理和账务集中管理，财务人员与账务处理实现了跨区域、跨国度的集中。这种集中可以最大限度地保证财务工作的独立性；账务集中处理，不仅有利于总部监管，还有利于节省成本；不仅能细化财务分工、标准化作业，还能实现绩效考核公平。

会计、业务、内审三者的关系是什么？会计核算是对业务的监督，内部审计是对会计核算的监督。会计核算形成的财务数据，是进行财务管理的基石，只有将会计核算与内部审计做实，财务数据才值得信赖，财务管理才能有效开展。一句话总结，业务制造数据，会计核算数据，审计监督数据，财务使用数据。

任正非的财务管理思想主要有：

（1）审计是司法部队，关注"点"的问题；财务监控关注"线"的问题，与业务一同端到端地管理；道德遵从委员会，关注"面"的问题，持续建立良好的道德遵从环境，是建立一个"场"的监管。

财务是线上的监督，审计是对财务的再监督，秉着成本收益的原则，内审只能抽查，做点上的监督。审计监督不可能做到全覆盖，需要人们自律、需要企业文化引导，华为的道德遵从委员会每个人都是监督者，每个人都是被监督者，既有自律，又有他律。

（2）不能反映业务真实状况的财务数据是不准确的。核算的深度与广

度应与IFS、LTC讨论,并不是维度越细越好。只有扩大报告范围,公开上游业务环节的数据问题,才可能有效地改进财务数据质量。

财务数据是经营成果的展示,通过历史财务数据可以分析出公司存在的问题。如果财务数据与业务实际跑偏了,就可能导致经营决策误判。问题在于会计核算居于末端,如果前端业务环节出现了问题,会一路把影响带进财务数据。想要提升财务数据质量,不能揪住财务人员不放,解决方式是,追溯到业务环节,从业务源头找出病灶。

(3)计划是龙头,制定计划的人一定要懂业务。要成立计划部、预算部与核算部,让懂业务的人来做。只有将计划做好了,后面的预算才有依据通过核算来考核、计划与预算。

计划是方向,预算是量化,核算是校验,三者互相促进,关键是计划的制定者要懂业务。许多企业不会使用预算这个管理工具,总觉得预算不准、无用,其实之所以会出现这种认识,很大程度上都是因为缺乏方向感,不理解经营计划、财务预算、会计核算三者之间的依存关系。计划先行、预算详尽、核算校验,三位一体,才能破解预算的无用论。

第六章　华为的财务管理：做好财务管理，成本控制比扩大市场更有效

坚持人工成本与企业利润的辩证统一

"华为基本法"第2条写道："认真负责和管理有效的员工是华为的最大财富。"可是很多人却认为，华为的"狼性文化"是对员工"狠"一点，让员工更多地加班加点，对华为员工的高薪酬和股权激励却视而不见。只忙着做大蛋糕，而不管分好蛋糕，是对华为人力资源文化的误解。其实，华为的成功是基于人性文化与狼性文化并重。

人力资源增值与人工成本增长高度有着正比例关系。企业一般都希望最大限度地激发员工潜力，创造更多的利润；而从员工的角度来说，在报酬没有显著改善的前提下更愿意追求工作舒适度。人工成本与利润是一对矛盾体：一方面，涨薪会吃掉利润；另一方面，涨薪能调动员工积极性去做大利润。华为财务通过利润分享计划很好地解决了这个矛盾。

"华为基本法"第69条规定："我们不会牺牲公司的长期利益去满足员工短期利益分配的最大化，但是公司保证在经济景气时期与事业发展良好阶段，员工的人均年收入高于区域行业的最高水平。"在华为的利润分享计划中，员工能通过薪酬、年终奖、补助、虚拟受限股分红等形式把个人利益与公司利益捆绑在一起。在确保公司可持续发展的前提下，保证员

工的较高薪酬，同时让员工分享公司发展的经营成果，激发出员工更旺盛的创造力，让公司获得更优秀的经营业绩。

如此，就把人工成本与企业利润这对矛盾体由对立转化为统一了。

坚持会计核算与审计监控的辩证统一

为了强化财务管控，华为将子公司虚拟化，实行资金集中管理和账务集中管理。财务人员与账务处理实现跨区域、跨国度集中，最大限度地保证了财务工作的独立性。

会计核算对业务的监督只是一个侧面，华为内部审计对会计核算的监督也非常严格。华为规定："公司内部审计是对公司各部门、事业部和子公司经营活动的真实性、合法性、效益性及各种内部控制制度的科学性和有效性进行审查、核实和评价的一种监控活动。"

华为内部审计的硬气一定程度上源于一把手的垂范，即使是任正非本人，内部审计也能一视同仁。有一次，任正非到日本出差，报销差旅费时，将住酒店时的洗衣费也算在内。华为是不允许员工报销洗衣费的，内审发现这笔不当报销后，写了审计意见，任正非还做了自我批评。

会计核算是对业务的监督，内部审计是对会计核算的监督。在新的财务管理流程体系的保障下，华为对组织架构进行了大调整。2009年年初，

第六章 华为的财务管理：做好财务管理，成本控制比扩大市场更有效

任正非在题为《让一线直接呼唤炮火》的内部讲话中，用惯用的军事化语言对华为正在进行的组织结构调整的原因进行了明确表述：

"我们现在的情况是，前方的作战部队，只有不到三分之一的时间是用在找目标、找机会以及将机会转化为结果上，而大量的时间是用在频繁地与后方平台往返沟通协调上。而且后方应解决的问题让前方来协调，拖了作战部队的后腿……"

华为把原来跨业务部门的销售模式调整为现在的按业务块划分的结构，打散了原来的销售部门，将其划归到各业务部门，按业务单元把产品部门、销售部门、服务部门完全结合在一起；由以前的单兵作战转变为小团队作战，缩短了决策过程，致使内部沟通成本大为缩减。

华为之所以进行财务转型，最大的原因就在于，传统的财务会计存在许多不足。比如：简单笼统的账单核对，对现金流不够重视，利用库存的增减来调节企业利润，造成利润的扭曲。领导人无法及时拿到经营数据，无法掌握实时经营现状；没有数据反馈，就无法做出正确的判断与决策……这些问题很容易让企业经营走上错误之路。因此，优化与规范财务流程，实现收入与利润的平衡发展，是企业发展必不可少且不容忽视的重要环节之一。

坚持财务与业务的辩证统一

财务与业务的关系可以从两个维度来理解：其一，监督业务，对业务成果的真实性进行审核，并做好记录；其二，服务业务，为业务协调资源，为业务决策提供支持。站在财务角度，监督业务是很容易做到的，教科书上就有现成的方法；而服务业务却很难，一方面财务放不下架子，喜欢充当监督者的角色；另一方面自己不了解业务，不知道从哪个方向帮助业务，甚至担心自己的帮忙与监督职能发生冲突。

财务服务业务，好说难做。为了让财务人员与业务人员做好工作对接，华为财经管理部提出了"四化"标准：财务理论大众化、财务语言通俗化、财务制度统一化、财务输出模板化。这"四化"有语言的艺术，有工作的技巧，给财务切入业务提供了好方法。概括起来，切入业务，可以优选三个方向：

1. 参与项目管理

企业规模越大，财务人员的分工越细，专注的工作内容越窄，越难窥探到财务工作全貌。基层财务人员要想尽快掌握会计整体，就要做好项目财务。一个项目相当于一个小企业的完整周期，全面且贴近业务，就能做出成绩。

2. 参与经营分析

华为重视经营分析,而不是单纯的财务分析。华为的财务分析跟实际结合在一起,单纯地为业务部门提供服务,分析报告的作用非常有限。具体来说就是,通过财务数据挖掘出背后的业务原因,发现问题,找出对策,落实责任,到期考核。财务分析能突破财务的范畴,成为一把手工程。

3. 参与预算预测

要想得出务实的结论,财务人员必须不断与业务人员进行沟通。计划与预算的关系表现为:计划是龙头,制定计划者一定要明白业务。计划是方向,预算是量化,核算是校验,三者互相促进,其关键点是制定计划者要懂业务。

万事万物都是矛盾的统一体,矛盾都带有辩证的色彩,财务管理工作也不例外。在财务管理实践中,非此即彼的思维是错误的,好与坏在一定程度上可以成功逆转。华为把诸如利润最大化与可持续增长、人工成本与企业利润、会计核算与审计监控、财务与业务等矛盾由对立转化为统一,为公司管理、企业价值最大化做出了贡献。近年来,华为成功实施了IFS(集成财务转型)变革,财务管理为公司管理效益的提升起到了巨大的推动作用。

第七章

华为的执行力管理：
与狼共舞，华为的高效执行力

责任与担当

吉埃斯是一名美国记者，在东京一家商店购买了一台唱片机，营业员热情地为她挑了一台尚未启封的机子。可是，当她返回住处时却发现，唱片机没装内部机件，根本就无法使用。吉埃斯非常生气，立刻写了一篇新闻稿《笑脸背后的真面目》。

第二天一早，吉埃斯刚起床，就听到了敲门声，原来是昨天那家商店的营业员和总经理。两人一走进客厅，就连连向吉埃斯道歉。看到对方是来找自己的，吉埃斯感到非常惊讶。

原来，商店当天下午清点商品时，发现将一个空心的样机卖给了顾客，营业员上报后，总经理觉得此事非同小可，立刻召集有关人员商议对策。为了找到顾客的地址，他们只有两条线索可循，一个是顾客的名字，另一个是顾客留下的美国快递公司的名片。商店根据这些模糊的信息，展开了大海捞针的行动。他们前后一共打了32次紧急电话，向东京的各大酒店咨询，没有任何结果。于是，他们又将电话打到美国快递公司总部，找到了顾客父母在美国的电话；接着，又打电话到美国，得到了顾客婆婆家的电话号码……经过无数周折，最终找到了顾客的落脚地。其间，他们一共打了35个紧急电话。

解释完毕,总经理又将一台完好的唱机外加唱片一张、蛋糕一盒奉上,再次表示歉意后才离去。吉埃斯非常感动,立刻改写了那篇新闻稿,题目变成了《35个紧急电话》。

什么叫担当?什么是负责?上面案例中的这个总经理及工作人员就给我们上了精彩的一课。试想,如果企业管理者和员工都能具备这种负责精神,企业发展也就指日可待。

世上没有不必承担责任的工作,工作就意味着责任。如果想让员工更加胜任工作,首先就要让他们树立起对工作的高度责任感。只有树立起员工高度的责任感和担当,才会有强大的执行力。在这方面,华为一直走在各公司的前列。华为执行力的作用并不体现在战略优势上,而是通过数量庞大的基层员工的责任担当,获得持续动力。华为人的责任感和担当精神让华为快速前进!

遇到困难的时候,一般人都会推卸或者逃避,工作消极散漫,这种不负责任的工作态度只能让员工成为企业的边缘人物,阻碍员工的成长。维珍集团董事长查理·布兰森爵士就曾说:"忠诚可以说在每一个层次上均占有主导地位。任何对公司忠诚的员工都能够创造出忠诚的客户来,而后者又反过来吸引神采飞扬的股东。这说明忠诚的艺术和忠诚关系的建立是使现代企业真正有效运转的关键所在。"员工从踏入企业被安排到了岗位的这一刻起,价值就已经被定位。

华为的光辉是由数千个微笑的"萤火虫"般的员工点燃的。"萤火虫"拼命发光的时候,不会考虑别人是否看清了他的脸、光是否由他发出,即使是没有人的时候,他们依然会闪闪发光,保持着自己的光辉和品牌;他们默默无闻，毫不计较，消耗自己的青春、健康和生命，创造了华为的辉煌。

忠诚是相互的，莎士比亚说："忠诚你的所爱，你就会得到忠诚的爱。"如今，不仅华为，很多企业都非常重视员工的敬业精神，特别是世界500强企业。知识爆炸时代，各行各业的技术和知识都在不断更新，唯一不变的是对工作保持"不抛弃，不放弃"的态度，这种态度历久弥新，永远都具有价值。

聚焦主业务，务实为本

一名新员工入职华为不久，就针对公司的经营战略问题，洋洋洒洒地写了一万多字，通过部门领导交给了任正非。任正非看完后，做了批复："此人如果有精神病，建议送医院治疗；如果没病，建议辞退。"这件事后来被视为一个有趣的笑谈，却反映了任正非的一个战略理念——"小改进大奖励，大建议只鼓励"。任正非认为，员工最重要的还是做好本职工作，不要把主要精力放在构思"宏伟蓝图"、做"天下大事"上；新员工对企业缺乏深刻的了解，应该把主要精力放在本职工作上。

经营企业需要务实，包括引导员工树立务实的思想。企业的发展需要一大批人务实，不仅需要从事具体性的工作，还需要有人务虚，制定企发展的战略。为此，华为内部建立了务虚和务实两套领导班子，只有少数高层才从事务虚工作，基层都要务实。务虚的人主要做四件事：一是树立企业发展目标，二是制定措施，三是评议和挑选管理者，四是监督控制。

总地来说，务虚是开放的务虚，贯彻委员会民主决策制度；务实则要坚决实现务虚确定的目标。任正非认为，企业只有"虚实结合"，才能提高执行力，才能制定明确的战略目标和规划，从而确保企业的持续稳健发展。

相对于"大建议"来说，任正非认为，"小改进"对企业发展尤为重要。任正非将"小改进大奖励"看作华为的一项长远战略，鼓励员工从自身做起，不断地改进现有工作，提升企业的核心竞争力。

任正非认为，创新是一个永恒的过程，企业的核心竞争力也是一个不断提升的过程，如果员工在工作中能减少一点失误或错误，订单处理的速度更快一点，整个业务的运行速度就会随之提升，更有利于核心竞争力的提升。鼓励员工提"大建议"或战略决策，势必会影响公司战略的稳健性，只会使得公司成为墙头草，也就无法具备足够强的核心竞争力了；坚持"小改进大奖励"，不仅能让员工从工作中获得能力上的提高，还有助于企业获得整体进步。

另外，任正非要求员工关注"小改进"，不要把太多精力放在"大奖励"上。这是因为，企业设定的任职资格考评体系，让员工的每一次"小改进"都能向任职资格迈进一大步；只要做好本职工作，按照考评体系来执行，就会获得好的奖励。

当然，任正非还指出，员工的"小改进"一定要以企业核心竞争力的提升为总目标，否则会使"小改进"的目标不清晰，甚至误入歧途。对此，任正非做了个形象的比喻，再次阐明了对"小改进"的要求：

"比如，我们现在要到北京，可以从成都去，也可以从上海去，但是最短的行程应该是从武汉过去。不强调提升公司核心竞争力是永恒发展的方向，将'小改进'改来改去，只顾自己改，可能无法对周边产生积极作用，改了半天，公司的整个核心竞争力却没有提升。如此，会让'小改进'陷入一场无明确大目标的游戏，而不是一个真正增创客户价值的活动。因此，在'小改进'过程中，要不断瞄准提高企业核心竞争力这个大方向。"

任正非认为，坚持"小改进"，还有助于提升各级管理者的素质，确保华为旺盛的生命力。为了进一步强调"小改进"的重要性，华为将"小改进大奖励"与"从实践中选拔管理者"紧密结合起来，作为选拔管理者的重要标准，进一步让员工树立起"小改进"的思想意识。

简化工作，优化流程

著名管理学家迈克尔·哈默说："任何流程都比没有流程强，好流程比坏流程强，但是即使是好流程也需要改善。"因此，执行者应该善于改善不合理的流程，去繁求简，让执行变得简单轻松。

有效流程应该能长期稳定地实行。企业要想长治久安，就要拥有超越个人英雄色彩的流程化管理，实现"无为而治"。"无为而治"是管理的最高境界，指企业在不依赖人为控制的情况下，也能达到既定的目标。在这种管理模式下，企业不会过分依赖管理者，而是通过内在控制激发员工的工作积极性，实现自我管理和自我控制。

有个新员工进入华为工作一段时间后，感受到了结构对于企业流程管理的价值，提升了对流程管理认识的高度。

第一次参加某流程优化专项讨论会议时，与会者对于"专业评审人"的英文翻译用"professional reviewer"还是"functional reviewer"，讨论了一下午，最终还没有定论。

这名员工感到非常纳闷与不解：这么简单的事情需要讨论吗？定哪个都行，没有本质的区别，为什么要如此吹毛求疵？决策程序也太复杂了吧？这么小的一件事有必要组织大规模的会议吗？决策效率也未免太低了。他觉得，华为作为中国最优秀的民营企业，是流程管理最领先的国内企业，有些名不副实。

随着在华为工作时间的增长，这名员工对华为流程管理的认识也越来越深刻，后来终于解开了心中的疑惑。华为在众多国际级咨询公司的帮助下，在借鉴业界领先实践的基础上，结合企业实际情况，完成了流程架构的整体设计与持续优化，从而保证了流程体系在结构上处于领先水平。

（1）每个一级流程都是端到端设计的，都是直指利益相关方价值创造需求的，没有被职能割裂成一段一段的流程碎片。

（2）在高阶流程架构设计中引入最佳业务模型，比如IPD（集成产品研发）、ISC（集成供应链）等，从流程结构上实现了整体优化。

（3）真正做到了"横向拉通，纵向集成"，公司流程体系是一个目标一致、主次分明的整体。

（4）体现华为的中长期战略发展要求，将战略所需的核心能力落实到架构设计里。

首先，华为在流程架构设计上的先进性，从格局上已经与绝大多数国内企业拉开了差距：研产销价值链高度协同，一体化运作；前、中、后台一体化运作；业务模式设计为卓越级，直接采取业界最佳实践；流程体系与战略相对接，从结构上保证了华为整体的卓越运营。在某个点上，看不出华为的优势，但在整体链条上，在公司整体运营上，华为的优势却非常明显。

其次，华为采取全球统一流程的策略，对于近200个国家和地区原则上采用同一套流程标准，推行全球统一流程。这种流程管控结构，做到了一次设计、全领域共享，并且共享的是全球最佳业务实践。同时，由于高度标准，带来了组织运作效率的大幅提升。

华为真正实现了流程驱动组织，是一个典型的流程型组织。流程不是挂在墙上的标准，也不是锁在抽屉里的文档，而是真实地体现在业务运作过程中。因此，华为必须追求操作级流程设计的精准与精细。

从局部来看，华为在流程设计过程中显得效率低一些；但从整体来看，恰恰是复杂的流程设计过程，保证了全球统一流程设计的质量，保证了数万名流程用户对流程的正确理解，降低了推行过程中的难度与成本，保证了用户的执行力，极大地提升了业务流程运作效率。

第七章 华为的执行力管理：与狼共舞，华为的高效执行力

先瞄准目标，再开枪

多数情况下，最后的胜利者都不属于整天埋头苦干的人，而是有明确目标的人。前者的工作态度值得鼓励，后者的工作方法更值得我们学习。在"先瞄准目标，再开枪"工作理念的提醒下，华为人有目的性地工作着，不会浪费宝贵资源。

创立初期，华为曾一度出现过工作结果和预期目标不相符的问题，让公司多次陷入危机。那时候，无论是计划部门，还是员工，都承受了很大的压力。公司不得不派人调查原因，访问了一些员工后发现：在领导分配任务后，大部分员工都不清楚自己应该在什么时间执行任务、什么时间完成、如何操作、具体完成到什么程度才算合格？员工接到任务后，什么都不考虑，就卷起裤腿埋头干，根本不考虑自己的工作目标是什么；有的员工甚至还会在中途改变目标；更严重的情况是，工作结束了，才发现自己的工作结果与目标不符合。

聪明人不只是埋头苦干，埋头苦干的精神值得称赞，也让人敬佩，但并不是聪明人的做法。聪明的员工首先会明确自己的目标是什么，确认自己做得是否正确，是否对完成目标有价值。有这样一个寓言故事：

唐太宗贞观年间，一匹马和一头驴是好朋友。贞观三年，马匹被玄奘选中，前往印度取经。17年后，这匹马驮着佛经回到长安，到磨房会见它的朋友驴子。

老马跟毛驴谈起了这次旅途的经历：广漠无垠的沙漠、高耸入云的山峰、炽热的火山、旅途的曲折……神话般的境界，让驴子听了大为惊异。驴子感叹道："你的见闻多么丰富呀！那么遥远的路途，我连想都不敢想。"

老马说："其实，我们走过的距离基本上是相同的，当我向印度前进的时候，你也没有停步。不同的是，我同玄奘大师有一个遥远的目标，按照始终如一的方向前行，所以走进了广阔的世界里。而你却被蒙住了眼睛，一直围着磨盘打转，所以永远也走不出狭隘的天地。"

马和驴最大的差别就在于：马拥有正确的目标，一番努力后，见识了一番新天地；驴则被蒙住双眼，没有目标，虽然日复一日地工作，却只能围着磨盘打转。所以，埋头苦干不一定就能达成预定目标；相反，聪明人不用付出太多，依然能够顺利地完成目标。秘密何在？方向正确，工作才能产生价值。因此，既要让员工有驴一样埋头苦干的精神，更应该像马一样沿着正确的方向前进。只有这样，才能做得更好，更有效率，更有发展性。

没有目标，所有的努力都是徒劳。要让员工懂得停下自己的工作，用几分钟的时间思考自己的目标是什么，鼓励他们朝着正确的方向前进，并提高工作效率。

华为是通信行业的后进入者，前有狼后有虎，遭受了很多行业发展障碍，自己的劣势也很明显。在这样的情况下，为了提醒华为人要有目的性地工作,不要浪费宝贵的资源,华为提出了"先瞄准目标,再开枪"的工作理念。

任正非在自己的文章中这样强调:"面对残酷的国际竞争,我们必须提升对未来客户需求和技术趋势的前瞻力,未雨绸缪,从根本上扭转我们作为行业后入者所面临的被动挨打局面;我们必须提升对客户需求理解的准确性,提高打中靶心的成功率,减少无谓的消耗;我们还要加强前端需求的管理,理性承诺,为后端交付争取宝贵的作业时间,减少不必要的急行军。"

那么,华为人是怎么做的呢?以华为的销售人员为例:

通常情况下,他们会先找准客户,然后充分调查客户的信息,把销售当成项目策划来做;在销售的执行过程中,也是按计划一步一步定目标。例如,一般情况下,他们会按计划,一个项目最低拿下 50% 的份额,准备得好就拿下 80% 的份额,可以挑战的就拿下 100% 的份额。

接着,项目组会围绕着 100% 的目标努力,把项目涉及的客户信息、竞争对手的策略和优劣势、自己的优劣势都写在黑板上,拟定详尽的行动方案。之后,项目组成员分头行动。

通过这样一个"目标—步骤—行动"的过程,华为的销售业绩稳定增长,使许多结果都真正意义上达到了 100% 的目标追求。更重要的是,还在这一过程中很好地贯彻了华为人的"狼性"精神。

先摘好摘的果子

先摘好摘的果子，并不意味着投机取巧，避重就轻；而是在摘取一定数量的好果子后，就会建立起信心，一定能把目标实现，进而在以后的旅途中，抗得起命运的重担。当然，这同时也是一个循序渐进的过程，由易到难地做事，自己对这个过程就会越来越熟悉，在困难越来越大时，就能沉着应付，不失方寸。但是，如果一上来就要做最困难的事，迎接自己的多半是失败。

成功不是一蹴而就的，而是一步一步积累的结果。举重者开始练习举重的时候，通常会先从他们举得动的重量开始，努力过一段时间后，才会慢慢增加重量。优良的拳击经理人，开始的时候都会安排较容易对付的对手，之后才会逐渐地和较强的对手交锋。把这一原则应用到任意一个地方，就是：先从一个易于成功的对象开始，逐渐推展到较为困难的工作。

即使在已经培养出高度技巧的地方，"稍加抑制"有时也很管用，要把自己的目光稍微放低一些，以一种轻松的心情去练习。所谓"停滞点"就是到达那一点时，再用功也没法获得更多进步之处。这时，如果硬逼着自己冲过这个"停滞点"，很可能产生紧张、困难等习惯性感觉。这时候，举重者就可以先减轻举重的重量，去练一会儿易举的重量；明显毫无进展的拳师，则可以被安排与较易对付的选手比赛。

查斯特·菲尔德博士说："从一个易于成功的对象开始，成功就显得容易了。"

有一次，麦肯锡为股票经纪人提供咨询服务，认真分析了销售资料，推导出一系列结论，之后跟后勤部门高级主管进行沟通。他们安排了一个有后勤部门和其他部门（如销售、交易、研究等）领导参加的会议，直截了当地提出了自己的发现，像重锤一样给了这些华尔街主管一击，因为客户对企业运作缺乏效率根本就没有什么概念。

如此，就产生了两个效果：首先，使那些对麦肯锡不重视的主管确信，自己有问题，麦肯锡可以帮助他们解决；其次，麦肯锡提出了自己的发现，对方的态度急剧改变，工作容易了许多。在会议前，麦肯锡有点像觊觎企业的不通世事的MBA；会议之后，则成了帮助他们解决问题的人。

先摘好摘的果子，把自己的信息捂到研究结束后的盛大说明会上才披露，会让客户更有热情，使得自己的工作更容易。

强化沟通，实现无缝对接

华为人是怎样培养团队精神的？是如何让员工互相帮助、互相关心、自觉约束自己、维护集体荣誉的？华为有这样一条不成文的规矩："各级主管和下属之间都必须实现良好的沟通，以加强相互的理解和信任。沟通将列入对各级主管的考评。"

华为一位员工遇到过这样一件事：

为了快速有效地完成工作，该员工每天除了正式上下班时间外，还要坚持加班，周末也不休息。似乎只有这样才能让他安心，让他有充足的时间完成自己的工作，才对得起同事的鼓励和领导的信任。但是这样超负荷的工作，该员工却并没有完成本来可以完成的工作，效率还大大下降。那段时间动不动就发火、烦闷，脾气暴躁，和同事说不上两句就开始争执，甚至还开始埋怨家人。

有一次，一个项目做技术审核，有个物料设备不妥，没有通过。开发代表很生气，还要向公司投诉，该员工觉得很委屈，加上工作上的不顺心，于是一生气，就对开发代表说："反正该做的我都做了，我只是按流程办事，你想投诉就投诉，大不了我不干了。"

主管知道这件事后，专门找该员工沟通工作方法，还组织了"怎样做好采购代表"的研讨会，让他从中受益匪浅。经过与主管的有效沟通，该员工也冷静下来，想想同事都为这个项目努力了很多，因为一点小事就损害同事和公司的利益，不值得。

在工作上，员工会遇到很多困难和委屈，这时，批评是不可取的，反而会让员工产生更多的负面情绪、感受到更大的压力，而有效沟通却可以让企业理解员工的处境，找到更好的解决办法。

任何问题，都可以通过沟通来解决，有效的沟通可以让人与人之间的矛盾得到缓和，让企业的团队精神更加坚实。可见，良好的沟通对于团队精神的延续和发扬，起着至关重要的作用。

员工和员工之间、员工和管理者之间，人际关系都能通过沟通来缩小距离，减少冲突。在华为，员工打破了部门、专业之间的界限，各部门之间协同合作，互利互助；员工能够通过不同的视角看待问题，互相理解，产生共同的使命感和荣誉感，便于领导有效地管理和控制，因此华为的凝聚力特别强。

有位核心工程师曾记录过自己在华为这些年的工作历程：

有一次，导师带领工程师在炎炎烈日下整理标签。他们蹲在地上，顶着大太阳，把数百个标签进行分类处理，又热又累。但是当看到施工队因为他们的工作而节省了工作时间时，他们知道自己的努力是有价值的。

当同事们在嘈杂的机房布置几百根尾纤时，当同事们在大雨中冒雨等公交车时，该工程师终于明白了，即使工作再简单，也需要耐心和激情；有了团队的支持，才能拥有坚持下去的力量。

怀着一颗感恩的心去服务团队、回报团队，不仅能让团队气氛更加和谐，也会让员工受益匪浅，得到提升，工作起来也会越来越顺畅，越来越快乐。

有问题及时沟通，不要首先想着放弃，对同事和领导常怀感恩的心，是团队和谐相处的秘诀之一。没有最完美的人，只有最完美的团队。团队精神是一种信念，是企业不可或缺的灵魂支柱。华为认为，员工都有自己的缺点和优势，只有让员工团结起来，相互依存，相互合作，有了团队荣誉感，员工的思想和工作方式才会发生转变，才能创造出更大的个人价值；企业上下一心，共同努力，完成目标，才能在激烈的市场竞争中求得生存与发展。

用职能工资制激活竞争

风靡全球的工资制度有四种形式：

1. 职务工资制。依据职务或岗位的重要性、等级、责任大小而确定的工资，许多国有企业就是如此。

2. 年功序列制。根据员工的实际年龄和在公司的连续工龄计算，依据是工作时间，认为人的能力、工作熟练程度与个人的连续工作时间和年龄相对应。比如，日本企业大多使用这种工资制度。

3. 职能工资制。按照人才的实际职务和能力确定工资等级，是把价值创造因素具体化为不同等级水平的职务执行能力。

4.年薪制。通过职务评价和目标业绩评价确定一年的收入额，通过月度发放，很多欧美企业都在使用这种工资制度。

华为使用的是职能工资制。1997年华为基本法第19条明确规定："工资分配实行基于能力主义的职能工资制。"华为为什么对职能工资制度情有独钟？选择的依据又是什么？任正非是这样解释的：

职能工资制，也叫任职资格等级工资，就是既考虑职务，又考虑能力：工资的分配依据不是年龄、工龄和学历等因素，而是个人的职务执行能力和实际的贡献；不根据年龄、工龄和学历，而是依据职务、执行与潜在能力、绩效和实际贡献等来分配工资，重点强调工作中表现出的能力、业绩、实力、成果、挑战精神等。

华为选择职能工资制，就是一种实事求是的表现，摆脱了过去国有企业论资排辈的习惯，体现了任正非求真务实、不唯学历、注重结果和实际工作能力、实干的一贯主张。具体表现有以下几方面：

第一，工资制度与华为的价值创造、价值评价、价值分配理念相吻合。首先，在价值创造方面，华为认为劳动，特别是高智力劳动、专利技术IRP、企业家及风险基金，都在价值创造方面起了主要作用；其次，在价值评价方面，华为强调以责任结果为核心的绩效导向，进行述职与绩效考核的科学评价；最后，在价值分配方面，华为要求尽量做到三公，公开、公正、公平。当然，任正非也承认，绝对的公平是没有的，华为只要求工资制度能够体现其独特的价值理念，植入华为精神之魂。

第二，华为还让工资制度起到正向的激励、导向作用。比如，海外市场是华为未来拓展的重点市场，需要大量懂英语的市场人员和工程服务人员，为了鼓励优秀员工奔赴海外，对赴海外工作的员工，华为不仅国内工资上浮30%，每天还有40~70美元的出差补贴，海外较危险的国家每天的出差补贴高达100~200美元。奖金就更高了，特点就是向海外艰苦、危险的地方倾斜。对于在海外较危险、较艰苦的国家和地区做市场的员工，给他们提供最好的待遇、最高的奖金。数据显示，2003年，华为奖给海外最艰苦、最危险地区的年终奖金最高人均达到66万元人民币。而为了鼓励海外市场开拓，则给了员工平均6万多元的奖金，普遍高于国内员工的奖金；同时，还让驻海外的员工住上了当地最好的房子，开上了最好的私家车。

第三，华为的人力资源制度是自由雇佣制，而非终身雇佣等其他制度。公司主张管理者能上能下，反对官本位，把职务与权力交给最明白、最有责任心和最有能力的人。

第四，工资制度的选择结合华为实际，实事求是，考虑到员工现有的管理素质与能力，并保持连续性，以避免价值分配形式的变动，对员工和公司经营管理带来的冲击与震荡。

华为之所以没有选择现在风行西方发达国家的年薪制，是因为其职能工资制还不成熟，直接引入年薪制有风险。所以，职能工资制是华为二次创业时期，也是向海外大规模扩张时期，最合适的选择。

职能工资制度表明，华为重视实际结果、个人能力，并以此激励员工不断自我开发。实际上，对员工的工资支出不再表现为一种人工成本的支出，而是对人力资本的投资，内含激励机制，能够促进人才能力的开发与发挥，其回报率比任何物质资本的投资更高。

从1997年开始，在薪酬制度上，华为就在逐步与国际接轨。华为聘请了美国著名的 HAY 公司进行薪酬变革，将工资结构分为 5 级 22 等，也就是分成 5 大区域、22 个小区域，不同职能对照 5 类区域，如此，既可以在同一职能类别内充分拉开档次，又能保持职能类别之间的连续性，使收入分配中不出现拐点。

在职能工资的运作上，华为依据员工绩效考核结果，通过任职资格的审察评价，进行晋升与降职，进入更高的职能等级，薪金点也会提高，使绩效考核、任职资格结果与报酬挂钩。

第八章

华为的绩效管理：
做好绩效管理，提高工作效率

全员持股激发进取意识

众所周知，华为是中国较早实施全员持股的企业之一。

全员持股属于股权激励的范畴，所谓股权激励是指，企业以股权的形式给予员工一定的经济权利，使他们以股东的身份参与到企业决策中，同时分享利润、承担风险。

全员持股是股权激励中风险较大的一种，收益也最显著。华为推动全员持股的行为，是敢为天下先，直接成为华为崛起的支柱，直到今天华为依然奉行着全员持股这一举措。

华为内部股权激励始于1990年，至今已经进行了多次大的股权激励。

1. 创业期股票激励

1987年华为起步，虽然经过多年的发展，公司有了一定的起色，但依然无法拓展市场、搞研发，资金周转依然困难，任正非决定推行内部股权和高分红制度。1990年，华为提出内员部工持股，每股10元，以利润的15%作为股权分红（税后）；员工进入公司一年后，依据职级、季度绩效等进行分配，可以用员工的年度奖金购买；如果年度奖金不够参股股票额，公司会帮助员工从银行贷款购买股权。

采取这种全员持股方式,给华为带来了三个好处:第一,减少了公司的现金流风险,内部融资不用再支付利息,降低了财务风险,也不需要向外部股东支付高的分红;第二,增强了员工的归属感,给员工描述了一幅愿景——在未来会拥有高额的回报;第三,全员持股,员工有了一种主人翁意识,责任感和归属感也随之而来。

全员持股是一种绝佳的绩效激励措施,它以利益均沾的形式,让员工都心系公司命运,并为之而努力提升个人和团队的绩效。当时,虽然有些员工自嘲:这些躺在纸面上的"数字"不知何时能兑现。但他们也清醒地意识到,如果不努力,这些数字永远都不会"复活"。在股权激励和主人翁意识的驱动下,华为人夜以继日地奋斗着,即使拿着微薄的薪水、住着简易的农房,他们始终保持高昂的状态。

随着华为人的不断努力,市场越来越好,研发技术也上了一个新台阶,公司财富也越来越多。2000年年底,华为的销售额突破100亿元大关。可是,在看到华为采取全员持股取得巨大成就的同时,还应注意到,全员持股不是万能药,存在巨大的风险——无法兑现。在推行全员持股后,华为并没有高枕无忧:

(1)重视精神激励。全员持股属于长期绩效激励目标,员工的斗志、热情很容易在漫长的工作生涯中消磨殆尽,如此全员持股就失去了激励的作用。在平日的工作中,华为非常重视员工的精神激励,使得员工始终都能以饱满的精神投入工作。为了激励员工,任正非亲力亲为,积极进行慷慨激昂的演说。

(2)信守承诺。每年分红,华为从来都没有爽约过,这也让员工对公司的未来充满信心。信守承诺,是实施全员持股的基础,基础不在,对员工来说，高额的回报只是画饼。

华为初创期的全员持股的激励措施，以满足员工物质需求和精神需求为导向，积极发挥员工能动性，从而稳定地、不断地改善公司的绩效。

2. "华为冬天"时期的股权激励

以全员持股作为绩效激励手段，并不是一成不变的，要随着企业经营环境的变化进行调整，如此才能更好地达成绩效。

受2000年IT泡沫破灭的影响，华为迎来了发展历程中的第一个"冬天"，为了保证充足的现金流和改善人浮于事的弊端，华为开始实行"虚拟受限股"的期权改革。虚拟股票借用了股票的名义和内容，其实并不存在股东，更多的只是一种承诺。但激励对象可以享受一定数量的分红权和股价升值权。

华为还出台了一些新的股权激励政策：新员工不再分配一元一股的股票；老员工的股票逐渐期股转化；取消固定的分红，从期股所对应的公司净资产增值部分获取。依据公司的评价体系，向员工分配一定额度的期权，期权期限为4年，每年兑现1/4的额度。

3. 经济危机时期的期权激励

2008年世界性经济危机爆发，华为推出了新一轮期权激励措施。当年，华为开始了发展史上最大规模的配股。本次配股属于"饱和配股"，依据职位级别分配不同的期股额度。不同职位级别匹配不同的期股量，例如：职位级别为13级的员工，持股上限为2万股，14级为5万股；其中收益呈波浪线，是因购买/分配数量不同而形成的。此外，持股已达到其级别持股量的上限，不参与配股。

此次配股，不仅缓解了资金压力，还提高了员工收益，同时使绩效

第八章 华为的绩效管理:做好绩效管理,提高工作效率

(期股)与职位等级挂钩,进一步完善了绩效分配机制,使员工更加努力工作。

以客户满意为绩效导向

德鲁克在《管理的实践》中再次强调企业的使命是"创造客户"。

华为很早就确立了这样的绩效管理原则:无论是绩效目标的设定,还是考核,都以客户需求为基础。如此,就保证了华为绩效永远是符合客户价值的,永远不会背离"企业的唯一使命"。企业如果不具备这样的绩效价值观,即使使用最先进的绩效管理工具,企业也不会得到真正发展。

按照客户导向的流程型组织设计原则,华为把客户导向的绩效分成几个维度:能否快速响应客户需求、能否准确提供客户价值、能否让客户容易享受产品或服务、能否让客户低成本获得产品和服务等。这也与哈默对客户导向的流程的定义非常相似。

华为长期执行的人力资源管理制度,就是以客户需求为导向,客户满意度是从总裁到各级员工的重要考核指标之一;而且,华为的外部客户满意度专门委托盖洛普公司进行调查。同时,在客户需求导向和为客户服务蕴含在员工招聘、选拔、培训教育和考核评价中,还强化了对客户服务贡献的关注,比如:华为注重人才选拔,但是考试成绩排在前3名的学生一

律不考虑，因为华为不喜欢以自我为中心的学生，觉得他们很难做到以客户为中心。华为人力资源部认为，比技能更重要的是毅力，比毅力更重要的是品德，比品德更重要的是胸怀，要让客户找到感觉，这是公司一贯的要求和宗旨！

这种以客户满意度为基础的绩效考核方式，集中体现了华为"以客户为中心"的管理方式。对任何企业来说，所有的利润都来源于客户，公司的生存都要依赖客户需求的满足，要为客户提供他们需要的产品和服务；只有把服务做好了，公司才能获得发展。

华为认为，只有通过长期的艰苦奋斗，公司才能获得长期的生存和繁荣。做好自己的时间管理，提前做好计划，提高工作效率；保持学习的态度，每天进步一点点；满足客户需求，提高客户满意度……。如此，才能让客户信任公司的产品，继而使用和购买。

打破部门墙，优化团队绩效

公司绩效目标的实现依赖于内部各部门、组织绩效目标的实现，而良好的跨部门流程协作可以打破部门墙，实现资源共享，进而达成组织绩效目标"1+172"的整体绩效结果。

任正非在《华为的红旗到底能打多久》一文中指出：

"紧紧抓住产品的商品化,一切评价体系都要围绕商品化来导向,以促使科技队伍成熟化。我们的产品经理要对研发、中试、生产、售后服务、产品营销……负责任,贯彻了沿产品生命线的一体化管理方式。这就是要建立商品意识,从设计开始,就要构建技术、质量、成本和服务的优势,这也是一个价值管理问题。"

华为的工作开展及绩效评价也都是以商品化为导向的。比如,华为的PDT(Product Development Team)就来自于不同部门,其整体绩效目标只有一个——满足市场并实现盈利的产品开发。华为的项目经理制所构建的动态组织结构形式,让华为存在无数个蚂蚁般灵活的小团队,面对市场机会和客户需求,可以更快速地做出反应。

所谓的部门墙就是,企业内部官僚习气严重,要想集中力量办点事情,得跟多个部门沟通;资源调配不到位,研发周期缓慢、实施步调不一致,让很多工作都无法正常开展。

随着业务的发展,华为拥有了很多子公司、合资公司、海外办事机构和联合研发中心,不解决部门墙的问题,就会让自己陷入困境。在经历了2008年金融危机后,华为决定砸掉部门墙。在一次内部会议上,任正非表示:"谁来呼唤炮火?要让听得见炮声的人来决策。现在我们恰好反过来了。机关不了解前线,但拥有太多的权力与资源,为了控制运营风险,设置了许多流程控制点,且不愿意授权。我们要积极地从改革前方作战部队开始,加强作战能力,综合后方平台的服务与管理;非主业管理者要加强对主业务的理解,减少前后方的协调量。"

华为认为,砸掉部门墙的关键就是破除官僚主义,清理流程的控制点,大胆授权,让前线员工参与到决策中,让机关管理者深入前线了解情况，减少前后方的沟通成本。为了砸掉部门墙，华为不仅调整了组织结构，还调整了局部考核的内容。

有个离职员工曾愤愤不平地说："我在华为工作了8个月，最大的问题是看不到未来，新员工为老员工打工。"为什么会说新员工是在为老员工打工，而不是说为华为打工？一个重要的原因就是，华为的局部考核方案。华为对部门进行高频率考核，部门主管只关注小集体利益，让新员工加班加点，当炮灰；局部考核不适当，无人关心华为的长期收益，更多关心的是短期内能看得见的收益。在这种考核环境中，部门之间无法配合，也就无法做成大事。

目前，华为在考核职能部门的关键业绩指标时，已经弱化了局部考核，更多地重视公司战略问题。例如：考核的第一个指标是，从公司目标的角度自上而下地分解、支撑公司战略；第二个指标是做局部考核，各岗位的职责与战略结合不紧密，但要求做出突出贡献；第三个指标是要支持流程和服务客户，融入了"客户第一"的理念。为了实现客户服务这一终极目标，华为让流程高速运作起来，多部门都要为产研销流程打开通道。

华为调整局部考核，就是要处理好三个主要指标的权重问题，做好业务指标的量化。从华为的考核指标排序来看，局部考核已经滑居第二。考核时，先看是否能支撑公司战略，接着考察是否完成岗位职责，再测评支持流程、服务客户的水平；最后，进行一个综合性评价。

华为的考核评价分为A、B、C、D四个档次。规定：每年底，属于最低D档级的不得少于员工数的5%，管理人员不得少于10%。普通员工和基层管理人员（三级主管以下）季度考、中高层管理人员半年述职一次；考核的同时，设定下季度的目标；如果属于D档的，晋升与薪酬都会受到影响。

在这个绩效考核环境中,华为人为了摆脱 D 档的评级,在完成岗位职责的同时,还要积极支撑公司战略,支持各项流程开展和服务客户。

充分授权,让决策聚焦

在华为获得一定发展后,任正非开始酝酿新的改革,在华为内部实行了"充分放权",把决策权根据授权规则授给一线团队,后方仅起保障作用,相应的流程梳理和优化要倒过来做。也就是说,以需求确定目的,以目的驱使保证,一切为前线着想,共同努力地控制有效流程点的设置,精简不必要的流程和人员,提高运行效率,为生存下去打好基础。如此,华为就形成了面向客户的"铁三角"作战单元,其精髓是:为了实现目标,打破功能壁垒,形成以项目为中心的团队运作模式。

华为的轮值 CEO 制度,经过多年运行,已经十分成熟,锻炼了核心高层的决策力和承压力。同时,这种制度也是一种权力平衡之术,不仅考验着他们的运营能力,更强调他们的责任心。

华为的运营商业务、消费者业务、企业业务三大业务集团,都有独当一面的好手,都能很好地贯彻华为的战略意图,很好地执行华为的价值主张。这几年,华为"三驾马车"都保持了快速增长。

华为内部有一句话：凡是华为认定的事情，很少失手。从消费者业务，到企业业务，无不如此，短短几年时间，华为便打出了一片天地。可见，华为执行力之强大。尤其是华为的消费者业务，近5年来更是得到飞速发展，跻身全球智能手机前三强。之所以能取得这样的成绩，关键是三大业务版块的老总手握人、财、物等实权，可以根据市场变化，快速响应客户和消费者的需求。

但是，仅有分权还不够，上下不同心，企业就会发生混乱。华为的分权，是建立在员工高度认可企业之上的。因为任正非知道，只有员工真正认为自己是企业的主人，分权才有基础。任正非说："作为管理者，一定要把最基本的东西想明白：第一，财富越散越多；第二，权力、名声都是追随者赋予你的，假使哪天追随者抛弃你，你的权力、成就感、聚光灯下的形象乃至财富，都会烟消云散、灰飞烟灭。"

只有感知到自己的渺小，行为才能开始伟大。正是因为任正非舍得放权，才使各类人才的聪明才智得到了充分发挥。华为能够驾驭变化的本质驱动力是，认识到个人的局限，并借助于组织的力量与环境互动。

华为的分权、放权，并没有造就个人英雄，而是更强调团队的作用和力量。任正非的人格魅力感染和熏陶了每一位华为人。可以形象化地理解为：过去华为是中央集权制，组织和机制的运作依赖于中央权威的强大发动机，在推进的过程中，无用的流程、不出功的岗位，是看不到的；而现在，华为将权力分配给一线团队，逐步形成了"拉"的机制：拉的时候，发现不受力的绳子，就将它剪去，组织效率就会大大提高。

权力的重新分配，促使华为组织结构、运作机制和流程发生彻底转变，每根链条都能快速灵活地运转，重要的交互节点得到控制，自然也就不会出现臃肿的机构和官僚作风。

要想打赢一场战争，需要的是全局运筹帷幄；而打赢一次战斗，靠的却是战斗部队的实力和随机应变。华为一线真正拥有"将在外，军令有所不受"的主动决策权，而后台与总部分离，是支持角色，主要为前线的每次战斗提供资源和配套。总部则依靠战略导向主动权和监控权，保障一线的权力不被滥用或无效使用。这不是一次传统意义上权力从上至下的逐级分解，而是从下到上、从一线到后方的一次权力重铸。

始终按贡献大小拿待遇

任正非将人力资源对象的政策理解分成三类：

第一类，普通劳动者。暂时定义为12级及以下为普通劳动者。按照法律相关的报酬条款，要保护这些人的利益；同时，根据公司经营情况，给他们提供稍微好点的报酬。这是对普通劳动者的关怀。

第二类，一般的奋斗者。要允许一部分人不是积极的奋斗者，他们喜欢小家庭的温暖、想每天按时回家吃饭。这是正常的需求，要对他们多一些理解。

第三类，有成效的奋斗者。要让他们分享公司的剩余价值，因为公司需要这些人。分享剩余价值的方式，就是奖金与股票。这些人是事业的中坚，渴望越来越多的人走进这个队伍。

处在竞争激烈的市场中，没有特殊的资源与权利，不奋斗就会衰落，衰落后，连一般的劳动者也保护不了。之所以强调要按贡献拿待遇，也是基于这种居安思危，华为从来都不支持按工龄拿待遇。

调薪的时候，很多人都会想："这个人工资几年没涨了，要涨一点工资。"为什么不给他调？因为这几年他的工作质量没有进步、贡献不大。做不到这一点，如何涨工资？

有的岗位职级不封顶，错！一定要封顶。要让员工按贡献拿待遇，只要贡献没有增大，就不能多拿。把股票分给员工，员工不仅能获得自己的劳动报酬，还能获得资本增值的报酬。同样，还要防止在奋斗者这个层面产生惰怠者。各级团队对优秀奋斗者的评价，都要跟着感觉走；判断这人是不是奋斗者，是不是有贡献，要依据他的个人表现，而不是公司条文；他的股票的总数应根据各级管理团队的感觉来确定它是否排在合适的队列位置，不能迁就资历。

三类人三种待遇。有些主管喜欢拿着僵化的文件比对，看到有些员工工作很努力但不符合条款规定，就机械地把人家狠狠打击一下。这样做，只能伤了员工的心。因此，文件条款是严格的，但执行中要灵活授权，要敢于为那些有缺点的优秀奋斗者说话。

第八章 华为的绩效管理：做好绩效管理，提高工作效率

"骂"文化，激发员工的斗志

华为的骂人文化是狼性精神的具体体现之一，充满进攻性，直击要害，从不拐弯抹角。

有一次，任正非看了一份报告，直接在上面批示了几个字：臭，很臭，非常臭！还有一次，一位新员工刚到公司没几天，就给任正非写了一封万言书，阐述了公司的经营战略问题，结果任正非批示："此人如果有精神病，建议送医院治疗；如果没病，建议辞退。"受训者的受到打击可想而知。但是，这种文化却植根于华为，挨骂的人不仅心服口服，还会表现得比以前更优秀。

骂是一种训诫，也是一种宣泄，更是一种激励。如何用"骂"文化来激发员工斗志呢？

1. 骂人的必要条件

（1）人格魅力。要想骂人，就要具备令人钦佩的人格魅力。很多员工在受到任正非的责骂后，依然会追随他，就是一个典型的例子。

（2）以事实为依据。员工犯错在所难免，管理者发怒也情有可原。如果想通过责骂来惩戒员工，一定要建立在事实的基础上。员工即使挨骂，

但有错在先，也会接受。

（3）对事不对人。骂员工，是为了让员工认识到错误，既不是为了让其难堪，也不是为了让管理者宣泄怒气。意气用事，不利于改变现状，只会令情况更加糟糕。华为的很多管理者虽然会责骂员工，但绝大多数时候都是对事不对人的。

2. 骂人是一种激励

在一定程度上，恰当地骂人，可以让人产生羞愧难当和不服气的念头。在这种心理的驱动下，受训者通常会试图洗刷耻辱，来证明自己是胜任的。

华为认为，这种骂文化是一种负激励，是相对正激励来说的。当员工表现优异时，管理者会给予表扬；当下属犯了严重的错误，管理者则会毫不客气地责骂一通，以示训诫，使其印象深刻。

非常严厉的批评，其实就像在骂人。这种方式虽然无法被下属接受，却可以给他们留下深刻印象。

当年，在批评华为产品战略规划的研究过于超前时，任正非说道："我们的战略规划办研究的是公司3~5年的发展战略，不是10年20年之后的发展战略。我不知道公司是否能够存活20年，如果谁能说出20年之后华为在做什么，我就可以论证，20年后人类将不吃粮食，我的道理是……"这些话确实不好听，但批评的效果却非常明显。

许多已经离开华为的人，若干年后依然记得任正非的经典语录，并将其作为自己的座右铭。当然，骂人是华为独有的文化，对于一般管理者来说，使用的时候要慎之又慎。

第八章 华为的绩效管理：做好绩效管理，提高工作效率

绩效考核中的灰度管理

华为总裁任正非是当今中国最具思想力的企业家之一，他不仅对老子和庄子思想有着深深的感悟，还对米歇尔·沃尔德罗普的《复杂》深感共鸣。

华为倡导"灰度管理"，任正非提出了一个在混沌和颤抖中把握平衡和节奏的新视角。他说："领导人重要的素质是方向、节奏，他的水平就是合适的灰度，而坚定不移的正确方向则来自灰度、妥协与宽容。在华为的核心价值观中，很重要的一条是开放与进取……"华为是一个有较强创新能力的公司，企业发展越成功，员工越自信、自豪和自满，其实也越来越自闭。华为强调开放，鼓励员工向别人学习，因为只有这样才能找到新目标，才会进行真正的自我审视，才会产生时代紧迫感。

在管理实践中，员工不可避免会犯各种错误，进而对公司的价值和利润造成负面影响。在这种情况下，不对员工进行经济处罚，不仅有失公平，还会形成一个给企业造成损失也可以不赔偿的负面效应和恶性循环。

进行经济处罚，员工轻则闹情绪，重则辞职走人。所以，员工犯错误后的处罚和惩戒问题成了管理中的"棘手问题"。华为管理有三件宝：宽

容、妥协与灰度。任正非认为，正确的方向来自于妥协，宽容是领导者的成功之道，没有妥协就没有灰度。而积分制管理与华为的"灰度管理"有着相契合的一面。华为的"灰度管理"核心思想是妥协与宽容，强调在管理员工时，要用宽容的心对待员工。

与公司"灰度管理"允许员工犯错一样，积分制也提倡对员工宽容。积分制管理中对员工的宽容包括：允许员工犯错，员工犯错误扣积分，不扣钱；造成经济损失，可以通过积分挣回来；员工辞职后再回来，积分清零但欢迎回来等。上述举措很好地解决了员工犯错后的惩戒和警示难题。

在制定积分制时，华为会安排专人负责积分数据的收集、监督录入和奖票打印，还要监督检查任务的完成情况，按任务完成结果进行奖扣积分；同时，积分实行过程也是公开透明的，员工可以在APP上浏览每个人的积分排名情况，保障实施的公正、公开、公平。这种制度正好与"灰度管理"中的公平开放相对应。

积分制管理鼓励员工建言献策，并且对员工好的建议给予加分奖励，这种行为对应"灰度管理"中鼓励员工创新的部分。在传统管理方法中，员工的有效建议往往无法得到有效奖励，而积分制管理却能够给予这些行为实质性的奖励，更加鼓励员工积极建言。

"灰度管理"强调创新，而创新的首要来源就是员工积极性。在积分制管理中，华为运用积分来充分调动员工的积极性，鼓励员工创新发展。运用积分制管理，能充分调动每个员工的积极性；用奖扣积分的形式鼓励每个员工，能让他们主动发挥自己的积极性。

在"灰度管理"中，授权中层的管理理念在积分制中得到了很好的体现和运用。积分制给予中层管理人员奖扣积分的权限，比如：经理级别的员工单次奖扣积分的权限为 30 分，每周有 200 分奖分任务和 20 分扣积分任务。

传统的管理并没有给予中层领导充分实权，除了企业规章制度里面严令规定的项目外，很多事情中层领导不能管也不知道怎么管。积分制管理则在运用"灰度管理"理念的基础上，解决了这一难题。

积分制把积分的权力很大程度上赋予了华为的中层领导，让中层领导有真正的实权去处理具体的事务。这种权力的下放，既有利于贴近一线员工，也有利于保障制度实施的有效性和公平性。

第九章

华为的市场管理：撒开腿，迈大步，进行市场扩张管理

初期"只以成败论英雄"

"只以成败论英雄"主要针对的是华为发展初期。例如,早在创业初期,任正非就向华为人宣称:"未来世界电信市场,三分天下,华为有其一。"《中国企业家》说:"华为的国际市场战略为华为和任正非赢得了名誉。"华为就是凭着"以成败论英雄"的信念,靠着自己先天并不锋利的牙齿,啃开了海外市场的大门。

1996年5月,任正非发表了题为《加强合作,走向世界》的讲话,正式提出了华为实现国际化的规划:"在下一步的发展中,我们已经制定了第二次创业规划,我们将在科研上瞄准世界上第一流的公司,用十年的时间实现与国际接轨。"1996—1999年是华为开拓国际市场的第一阶段,这个时期,华为人基本上是屡战屡败、屡败屡战,一直到零的突破。这一时期,华为人充分展现了自己坚忍不拔、不屈不挠的精神,正是因为这种精神,才克服了海外攻伐的艰难险阻。

1996年华为首次参加了俄罗斯的电信展,发现这里蕴藏着一个巨大的市场:电信普及率很低,而市场需求却很大。尤其是普京执政之前,由于俄罗斯卢布贬值及证券、金融等行业的问题,众多早先进入俄罗斯市场的跨国公司都陆续退出,对该市场停止投入。华为相信,此时正是一次好机会,俄罗斯一定会成为一个巨大的市场,坚持对俄罗斯市场持续投入。

……

如今,华为已经彻底实现了当年的理想。其中,很大一部分原因是"初期'只以成败论英雄'"。

塞顿的《动物记》讲述了这样一个故事:

一只名叫拜德蓝德贝利的狼身受重伤,跟15只凶悍的猎狗展开了搏斗,前面无路可逃,后有猎狗的追击,拜德蓝德贝利并没有惊慌,而是显得十分镇静。他勉强振作,支撑着伤痕累累的身体,跟猎狗展开了激烈的战斗,仅用了50秒的时间,就结束一切!

在困境中,只要屹立不倒,就能催化奇迹。坚持到底就是胜利!所有的成功者,都来自第一步的成功。

华为是竞争中的黑马,在多年的发展中,它不断扩充产品线,拥有了雄厚的技术力量,全球市场高速增长。它有点神秘,确实令人惊奇。华为的国际化道路,向全世界展示了其不可限量的潜力。

利益绑架促市场扩张

中国国内的知名品牌,在开拓国际市场时的价值非常有限,越是高端产品,国际影响力越低。华为清醒地认识到,自己的核心能力,不论是市场运作、核心技术,还是人才储备,在国际化环境中都没有绝对优势。因此,在坚持自创品牌的同时,华为并不抗拒贴牌的方式。

前期的市场推广,华为使用了最绝也最富争议的一招:与各地用户组建了很多合资公司。比如:1998年和铁通成立北方华为,和当地电信管理局、政府成立的沈阳华为、成都华为、安徽华为、上海华为等。这些合资公司自诞生起就是个空壳,华为从来没有把产品特别是有技术含量的产品放进去,这些企业的作用只是签单走账。

比如,四川华为,每年都会有四五亿元的销售额,甚至有时高达十几亿元。合资公司有当地运营商和政府的股份,他们的年分红比例高达投资额的60%~70%。当地运营商和政府投资合资公司的钱,甚至可以先由华为出。这样,既促进了华为的销售,又疏通了长期客户关系。更高明的地方是:让所有的通信制造企业解决了回款问题;而且,这种利益捆绑还能在企业面临危机时起到微妙的作用。

第九章 华为的市场管理：撒开腿，迈大步，进行市场扩张管理

在向国际市场迈进的时候，华为同样采用了这一方式。其与OEM、合资公司等捆绑在一起，与国际企业合作，利用国际企业在国际市场上的渠道优势，大大降低了进军发达国家的难度，加快了开拓国际市场，充分发挥了"本地化"战略的优势。

比如：2016年1月，华为与波兰波兹南超算中心（PSNC）合作，成立了PSNC-Huawei联合创新中心，在高性能计算（HPC）、云存储、大数据等领域进行联合研究。同月，华为与印度尼西亚通信部在雅加达成立ICT创新中心，该平台主要为印度尼西亚本地提供行业创意平台和资源，进行通信技术人才培养，共同推动和完善行业法规。3月，华为与马耳他政府建立联合创新中心，致力于"安全城市"解决方案的研究，帮助公共管理部门应对安全威胁。方案整合了警报系统、数据传输、视频监控、交通管理、警力调度等技术。

当然，华为冲击海外市场的手段，并不是单纯的品牌隐身，其手段多种多样。其参加国际通讯的口号就是"更多伙伴，更多选择"，该口号站在客户的角度上考虑，让大厂商与运营商有更多的选择。大国际厂商排他性不强，通过代理、OEM等方式去开拓市场是非常理想的选择。华为的品牌战略相对灵活，在不同的时间地点，要制定不同的市场策略。

"狐假虎威"这则寓言故事常用来形容我国OEM代工生产模式的现状。贴牌企业如同狐狸，被贴牌企业就是老虎。贴牌生产双方是共赢的：一方面，老虎同意狐狸借威，狐狸求之不得；另一方面，老虎将一些事情交给狐狸去办，可以省心省力地做些大事。

需要强调的是，贴牌企业的最好出路是：在想办法让"老虎"满意的同时，要在贴牌模式中积聚资本、学习经验、塑造品牌、加强研发、打造核心竞争力，设法早日成为"老虎"。

构筑从基层到高层的密不可分的关系网络

如今,华为与各地用户从高层到执行层都建立了密不可分的关系网络。

最初创业时,华为并没有高层关系可以依赖,只能从跨国公司无暇顾及的县城做起。为了建立关系,华为不计成本,比如:为了做一个项目,花费七八个月时间和大量金钱,先后三次把地市局的几十人请到深圳总部去。即使是在没有项目的时候,类似不计回报的做事方式也不曾改变。

当年,华为进入山东省菏泽地区,举目四望,已经是朗讯和西门子的天下,自己连电信局的门都进不去。前两个月,华为打着解决老产品(如华为电源)问题的旗号,设法和客户联系上,绝口不提销售,有机会就讲华为的企业文化和过往的华为人与事。到第三个月,局方高层终于点头答应到深圳参观华为,此时华为仍绝口不提销售。从第四个月开始,华为分批将局方从中层到基层所有相关人员50多人请到深圳参观。大半年后,菏泽新一轮整网招标,华为胜出。

任何一个企业都重视经营客户关系,但在华为,这已是一门需要研究科学、需要经营的产品,远不止人海战术那么简单。客户关系是个带有一定暧昧意味的词，华为专门设置了客户关系管理部来研究、评估和督促这种关系的建立和改善。

华为既强调要和客户结成好关系，也强调要给客户一个选择华为的正当理由。当其他公司还将客户关系停留在降价、喝酒、回扣等层次上，华为已在各地进行"咨询＋营销"，帮助运营商分析网络现状，靠自己真正的实力抢夺大客户，发展新业务。

比如，华为帮郑州本地网做了网络分析和规划，获得了高度认可。华为高薪聘请IBM公司专家，乘坐飞机给华为各地客户进行国际电信发展趋势和经营管理的培训。客户关系管理在华为内部被总结为"一五一工程"——一支队伍、五个手段（参观公司、参观样板点、现场会、技术交流、管理和经营研究）、一个资料库。

这些工作的完成需要借助三种渠道：第一，在开拓市场过程中完成一部分；第二，在与专家、科研机构、检测及评审机构交流的过程中完成一部分；第三，利用淄博环境学院或者运营中心总部的培训机构完成一部分。其实，正是通过各种方式，逐渐渗透企业文化和技术，全范围覆盖企业营销。

读懂华为30年：
执念是一种信仰

以市场为导向的技术研发

在华为的文化纪念长廊里，摆放着琳琅满目的奖牌，其中有个奇特的牌子上面裱着一张机票，从机票的印刷字体和老旧程度来看，应该是多年以前的。下面的文字介绍是："当时产品出现了一个小瑕疵，为了让用户满意、放心，技术支持人员出差数趟，差旅费花了几万元。"这张机票就是一个警示，让员工将用户服务质量意识贯穿到了研发、制造等各个环节。

最好的服务不是提供给用户的产品有问题后的及时响应，而是将问题萌芽消灭在研发初期。华为有这样一个比喻：某个产品存在一个缺陷，早期发现，消除缺陷的成本可能是一块钱；晚期，流向客户手中后，再来消除这个缺陷，成本可能就是一百倍、一千倍。因此，华为对研发流程优化提出了很高的要求，希望通过过程优化来做质量控制，尽可能地在能够花一块钱消除一个缺陷的时候，把缺陷挖掘出来消除。

华为反对将研发体系僵化、教条化，主张研发体系的战略队形和组织结构要随着客户需求的变化进行调整和变化。任正非认为，华为的战斗队形是可以变化的，市场变化了，客户需求变化了，就可以扁平一点。在攻

第九章 华为的市场管理：撒开腿，迈大步，进行市场扩张管理

克新技术时，可以让队形变得尖一些，增大压强，通过新技术获得更多市场；当新技术的引导作用减弱时，要使队形扁平化一些，多做一些有客户现实需求但技术不一定很难的产品。

华为的研发结构调整，完全以商业为导向，并不是以技术为导向。在IPD系统实施前，研发系统已经严重阻碍了华为的发展。当时，无计划的研发直接造成了两个后果：产品与技术的开发重合，导致实用产品迟迟推不出来；由于评审和决策仅仅是出于主观判断，没有符合市场需求的标准，造成产品一改再改，无法一步到位。

IPD（Integrated Product Development，集成产品开发）的思想来源于美国PRTM公司出版的《产品及生命周期优化法》一书，经过IBM的实践，IPD已经成为一套先进的产品开发的模式、理念与方法。

IPD是关于产品开发的一种理念和方法，强调的是以市场和客户需求作为产品开发的驱动力，在产品设计中构建产品质量、成本、可制造性和可服务性等方面的优势，尤其重要的是，它将产品开发作为一项投资来管理。产品开发的每个重要阶段，都是从商业角度进行评估的，不仅仅是从技术角度，从而确保产品投资回报的实现，或尽可能减少投资失败所造成的损失。

2000年，IBM为IPD提供咨询，华为付给IBM数千万美元咨询费，在华为管理者大会上，任正非没留一点余地："不学习IPD、不支持IPD的管理者，都给我下岗！"这一点，体现了任正非变革的决心。

简单来说，IPD就是把以前由研发部门独立完成的产品开发任务，变为打通全流程、跨功能的各部门联合运作。华为以前的产品开发都在中央研究部，现在则由产品开发团队来承担。一个产品的开发涉及整个产品线

或各个核心部门的集体活动。从财经立项到研发管理，从制造的效率到市场销售计划，各部门都要参与进来；同时，还要在产品开发的过程中相互协调，保证产品从始至终都是技术领先、成本合理并且符合市场需求。

市场竞争中的"压强原则"

华为于1987年7月成立，至今已经有30年的时间，在竞争激烈的世界通信网络设备市场上，成长为一家具有国际竞争力的、跨国经营的中国公司，跻身于世界通信网络设备巨头行列，引起了世界范围企业界和管理学术界的关注。华为为什么能取得如此成功？华为的战略和管理与西方公司有什么不同？其中一个重要方面就是，华为实行"压强原则"，将有限的资源集中在一点，在配置强度上大大超过竞争对手，重点突破，然后迅速扩大战果，最终达到系统领先。

任正非曾用坦克和钉子的比喻说明"压强原则"：坦克重达几十吨，却可以在沙漠中行驶，原因就在于，宽阔的履带分散了加在单位面积上的重量；钉子质量虽小，却可以穿透硬物，是因为它将冲击力集中在小小的尖上。二者的差别就在于后者的压强更大。

同样的道理应用到企业战略上，就有了"压强原则"。依靠"压强原则"，华为突破了万门数字程控交换机，突破了GSM全套移动通信设备，

第九章 华为的市场管理：撒开腿，迈大步，进行市场扩张管理

突破了光网络设备……几乎所有的重大产品，最初都是这么突破的。华为规模小时如此，公司规模大了，在项目资源配置上，依然继续贯彻"压强原则"。

"压强原则"战略在华为的进一步延伸，就是不断加大人力资源投入的规模。《华为基本法》第8条规定："我们强调人力资本不断增值的目标优先于财务资本增值的目标。"第13条规定："机会、人才、技术和产品是公司成长的主要牵引力。这四种力量之间存在着相互作用。机会牵引人才，人才牵引技术，技术牵引产品，产品牵引更多更大的机会。加大这四种力量的牵引力度，促进它们之间的良性循环，就会加快公司的成长。"

自1995年取得了万门数字程控交换机的入网许可证后，华为开始了大规模的、超前的引进人才行动。1995年年末公司人数是1200人，2007年则空前达到7.5万人，而且增长势头依然不减，其中48%是研发人员。

在此期间，经历了2001年的IT泡沫破灭的打击，世界跨国通信网络设备巨头纷纷大幅裁员；再加上2006年的几次大规模重组的进一步裁员，仅存的几家跨国通信网络设备供应商，如爱立信、阿尔卡特、朗讯、诺基亚、西门子，员工规模都在7万~8万人。也就是说，华为至少在高素质人力资源规模上已经与这几家跨国通信网络设备供应商并驾齐驱。

"压强原则"是华为的另一个战略方向上的延伸，就是收缩战线，剥离掉与通信核心网络设备不相关的业务。任正非曾说过这样一段话："华为从创建到现在，实际上只做了一件事，即义无反顾、持之以恒地专注于通信核心网络技术的研究，始终不为其他机会所诱惑。而且即使在核心网络技术中，也在通过开放合作不断剥离不太核心的部分。"

有人可能会说，这等于"把所有的鸡蛋放在一个篮子里"，战略风险

非常大，断言华为的成功带有偶然性。从总体上看，所有的鸡蛋都被放在了通信网络核心设备这个篮子里，但只要进行深入考察就会发现，通信网络核心设备其实包括了一个庞大的产品和业务组合，这个组合的最大特征就是技术相关性强、存在明显的规模经济和范围经济性。更何况，产品组合是一个篮子，但市场组合却不是一个篮子，而是分布在世界各地，不仅有运营商，还有大量企业客户，国家也是千差万别。

这种业务聚焦、市场广布的战略，既极大地增强了突破力，又有效分散了风险。因此，华为在规模上（主要指人力资源规模）达到甚至超过了主要竞争对手，形成了规模优势；在资源配置上，坚持"压强原则"，在配置强度上超过了竞争对手。结果，华为的响应速度更快，开发周期更短。

海外不打价格战，共存双赢

2014年5月7日，在法国巴黎塞纳河畔，华为发布了年度最重磅旗舰机P7。华为表示，P7的目标销售量是超过1000万台。值得玩味的是P7的价格：中国市场2888元，全球其他市场449欧元。这一定价一经曝光，部分手机业界人士纷纷佩服华为的勇气。要知道，在过去几年依靠价格战迅速累积起巨大规模的中国手机行业，2000元以上市场一直是厂商的心头

第九章 华为的市场管理：撒开腿，迈大步，进行市场扩张管理

之痛。

打价格战，最终只能让企业从地球上消失。P7之所以敢于横刀立马，是因为华为的品牌壮大了。

如今，经济的全球化不可避免。华为的愿景就是不断通过自己的存在，丰富人们的沟通、生活与经济，这也是华为存在的社会价值，不仅能丰富人们的沟通和生活，也能不断促进经济的发展。

华为不可能回避全球化，也不可能抱有寻求保护的狭隘的民族主义心态。因此，华为从一开始就创建了全开放的心态。在与西方公司的竞争中，华为采用正确的竞争方式，取得了技术与管理的进步。

华为共有5000多项专利，每天都会产生3项专利，但还没有一项是应用型的基本专利。因为，一项应用型基本专利从形成到产生价值需要7~10年。

基础研究是国家的财富，基础研究不是每个企业都能进行的。全球化是不可避免的，华为勇敢地开放自己，没有将自己封闭起来，而是积极地与西方竞争，在竞争中学习管理。华为从来没说过，自己是民族工业，因为它是全球化的。把门关起来，靠自己生存，一旦开放，华为必然会一触即溃。

华为提倡不盲目创新。华为曾经也是盲目创新，非常崇拜技术公司，不管客户需求，只要研究出好东西，就反复介绍给客户，客户说的话根本听不进去，所以在交换机上，华为曾在中国市场出局。后来，它认识到了自己的错误，及时调整追赶，终于将交换机推向了世界第一。

华为把竞争对手称为友商，它的友商是阿尔卡特、西门子、爱立信和摩托罗拉等。华为主动向拉宾学习，以土地换和平。拉宾是以色列前总

理，提出了"以土地换和平"的概念。2000年IT泡沫破灭后，整个通信行业的发展趋于理性，未来几年的年增长率不会超过4%。为了快速增长，就要从友商手里夺取份额，如此必然会直接威胁到友商的生存和发展，可能在国际市场到处树敌，甚至遭到群起而攻之的处境。

华为当时还很弱小，不足以和国际友商直接抗衡，便韬光养晦，主动向拉宾学习，以土地换和平，放弃了一些市场和利益，积极与友商合作，成为伙伴，共同创造了良好的生存空间，共享价值链的利益。

这些年，华为一直都跟国际同行在诸多领域携手合作，通过合作取得共赢、分享成功，实现了"和而不同"。和谐以共生共长，不同以相辅相成，这是东方古代的智慧。华为建立了广泛的利益共同体，长期合作，相互依存，共同发展。例如，跟美国3COM公司合作成立了合资企业。华为以低端数通技术占股51%，3COM出资1.65亿美元(占股49%)，可以把研发中心转移到中国，实现成本降低。而华为利用3COM世界级的网络营销渠道来销售华为的数通产品，大幅度提升了产品销售，二者优势互补、互惠双赢。

在海外市场的拓展上，华为强调不打价格战，要与友商共存双赢，不扰乱市场，以免西方公司群起而攻之。通过自己的努力，通过提供高质量的产品和优质的服务，华为获取了客户的认可。

通信行业是个投资类市场，仅靠短期的机会主义行为是不可能被客户接纳的。因此，华为拒绝机会主义，坚持面向目标市场，持之以恒地开拓市场，加强营销网络、服务网络和队伍建设，经过多年的艰苦拓展、屡战屡败、屡败屡战，最终赢来了海外市场的全面进步。

第九章 华为的市场管理：撒开腿，迈大步，进行市场扩张管理

打造能在国际上驰骋的品牌

名牌就是质量、效益、市场、竞争力、生命力，所以质量也是信誉的保证，自己的名牌产品和知识产权是企业增强市场竞争力的关键。

在国际市场上，如何打造名牌呢？打造国际品牌，一定要借力。仅凭一己之力打造国际品牌，不仅投入时间太长，还会花费巨大的成本。研究发现，各大企业打造国际品牌都坚持一个共同原则：成大事者都是借各方力量。这种力量，既可以是一个时机、一种文化，也可以是一项技术、一笔资本。

2006年10月10日，中国品牌研究院在其举办的首届中国品牌节上宣布，经过严格和客观的评定，华为成功入选"中国标志性品牌"名单。"中国标志性品牌"评定的标准包含众多条件：①所在行业必须是充分竞争而非垄断性行业；②入选品牌必须是中国驰名商标或中国名牌；③企业销售收入不得少于当年世界500强企业最后一位的40%；④企业销售收入必须有不低于30%的比例来源于海外市场；⑤海外市场的销售收入中属于自主品牌销售的比例不低于20%。此外，还要考虑企业的科技创新能力、赢利能力、纳税额等因素。华为能够在严格的甄选中脱颖而出，标志

着其海外品牌建设已经取得了阶段性成功。

华为向海外发展始于1999年。当时，华为在国内处于领先地位，扎实的产业根基为其开拓海外市场打下了良好基础。对一个有抱负、有实力的企业来说，从国内走向国际是其发展的必由之路。

经过几年的海外发展，华为取得了初步的成功，并得到了国际市场的初步认可，同其他国外厂商相比，华为有极为明显的优势，种种优势构成了其强大的竞争力。概括起来，其国际品牌的树立借力于以下六种资源。

1. 价格优势

华为产品在价格上极具杀伤力。比如：在美国，华为网络接入产品的价格不到思科同等性能产品价格的一半；在日本，华为的价格要比日本本土厂商低10%。采用低价策略，华为产品销售额在国际市场上节节攀升：1999年华为海外销售额为5亿美元，2001年为32亿美元，2002年陡升到55亿美元；2016年华为发布2015年年报，全球销售收入3950亿元，海外收入占比58%。价格优势是华为海外市场制胜的利器，华为的价格优势对国外业界巨头产生了巨大冲击。

2. 质量过硬

在"不同的只是价格"的原则下，产品质量和产品价格是华为开拓国际市场制胜的两大决定性因素。

从1997年开始，华为系统地引入世界级管理咨询公司，建立了与国际接轨的基于IT的管理体系。在集成产品开发(IPD)、集成供应链(ISC)、人力资源管理、财务管理、质量控制等诸多方面，华为与IBM公司、Hay Group、PWC等公司展开了深入合作。

经过多年的管理改进与变革，以及以客户需求驱动的开发流程和供应链流程的实施，华为具备了符合客户利益的差异化竞争优势，以高性能、高质量的产品进一步巩固了在业界的核心竞争力。

3. 客户导向

在华为，随处都能看到"聚焦客户、诚实守信"的信条。"以客户为中心"的意识，犹如血液一样，在华为人的心里流淌、蔓延。

华为成立了专门的客户研究部门，工作人员的身影出现在全球各地：与客户交流，倾听客户的声音，将客户的需求反馈到研发部门，形成产品发展的路标，开发出满足客户需求的优质产品。

在技术开发方面，华为认为：基于客户需求的创新才会创造价值、形成竞争力；另外，"从客户中来、到客户中去"，也是华为培训员工时必须灌输的一种不可动摇的观念。

为客户服务是华为存在的唯一理由，客户需求是华为发展的原动力，作为华为一条突出的战略，构成了成就华为品牌的精髓。

4. 渠道优势

随着业务的拓展，华为逐渐摸索出一套比较成熟的渠道运作方式：分销拓展、行业拓展、渠道管理。目前，华为的渠道处于良性运作的态势中，面向全球的渠道体系支撑了全球40多个国家和地区的营销网络，使产品在这些国家和地区的销量和市场份额不断攀升。

5. 技术优势

华为每年的技术研发资金投入不少于销售额的10%，并坚持在自主开发的基础上进行开放合作。

以 WCDMA 技术为例，华为投入的研发基金累计已经达到40多亿元人民币，在人员投入上高达3500多人。研究这些技术的研究所更是全球开花：除了北京、深圳、上海、南京、西安、成都的六大研究所外，华为还在海外设立了五家研究所，分别位于美国硅谷、美国达拉斯、瑞典、印度和俄罗斯。

6.服务优势

华为凭借特有的技术、完善的解决方案、快捷周到的客户服务，得到了海外市场的热烈响应，产生了良好的社会效益和经济效益。

华为对国际客户的服务十分细心。在华为总部设有一处客户服务中心，在会议厅酒吧的一侧，有几间铺满厚地毯的小开间，这就是专为阿拉伯客户特设的伊斯兰祈祷室，华为人的周到由此可见一斑。

第十章

华为的危机管理：勇敢面对危机，在危机与忧患中成长

读懂华为30年：
　　执念是一种信仰

华为的冬天

　　2001年3月在华为发展势头良好的时候，任正非在企业内刊上发表了一篇《华为的冬天》。这篇文章立意深刻，不仅是对华为的警醒，还适合于整个行业。接着，"冬天"超越了表面的含义，成为危机的代名词。

　　多年来，任正非每天都在思考失败，对成功视而不见，没有荣誉感和自豪感，而是危机感。或许正是因为这个原因，才让华为存活了下来。失败这一天迟早都会到来，华为每时每刻都在迎接危机的到来。下面就是任正非《华为的冬天》的节选内容（有删减）：

　　1. 均衡发展，就是抓短的一块木板。如果每年的人均产量增加15%，可能仅能保持住工资不变或还可能略略下降。电子产品价格下降幅度一年还不止15%，销售的商品越来越多，利润却越来越少，如果不多干一点，可能连今天都保不住，更别说涨工资。不能靠没完没了的加班，一定要改进企业管理。

　　2. 对事负责制与对人负责制有本质区别，一个是扩张体系，一个是收敛体系。为什么要强调以流程型和时效型为主导的体系？现在流程上运作的管理者依然习惯于事事都请示上级。这种做法不对。已经有规定或成

第十章 华为的危机管理：勇敢面对危机，在危机与忧患中成长

惯例的东西，不必请示，应快速让它通过。执行流程的人，要对事情负责，这就是对事负责制；事事请示，就是对人负责制，它是收敛的。要简化不必要确认的东西，减少在管理中不必要、不重要的环节，否则公司就无法高效运行。现在，有很多机关部门和编制，都是在制造垃圾，然后这些垃圾又会通过分拣和清理，给一些人制造工作机会。制造复杂的文件、制定了一些复杂的程序和不必要的报表、文件，来养活不需要养活的管理者。机关管理者不能产生增值行为，因此一定要在监控有效的条件下，尽力精简机关。

3. 自我批判是思想、品德、素质、技能创新的优良工具。一定要推行以自我批判为中心的组织改进和优化活动。自我批判不是为批判而批判，也不是为了全面否定而批判，而是为了优化和建设而批判。总的目标是提升公司整体核心竞争力。为什么要强调自我批判？我们倡导自我批判，但不提倡相互批评，因为批评的适度无法把握，如果批判火药味很浓，队伍之间就容易造成矛盾。

4. 任职资格及虚拟利润法是推进公司合理评价管理者的有序制度。要坚定不移地继续推行任职资格管理制度，因为只有这样才能改变过去的评价靠蒙、估的状态，才会使有贡献、有责任心的人尽快成长起来。激励机制，不仅要有利于公司核心竞争力战略的全面展开，还要有利于近期核心竞争力的不断增长。什么叫领导？什么叫政客？这次以色列的选举，让我们看到了犹太人的短视。拉宾意识到：以色列是个小国，处在几亿阿拉伯人的包围中，尽管几次中东战争以色列都战胜了，但不能说50年、100年以后，阿拉伯人不会发展起来。今天不以土地换和平、划定边界、与周边和平相处，一旦阿拉伯人强大起来，他们又会重新流离失所……大多数

人，只看重眼前的利益。沙龙是强硬派，会为犹太人争得近期利益，人们拥护他。我终于看到一次犹太人也像我们一样的短视，我们的领导不要迎合群众，但推进组织目的要注意工作方法。

5. 不盲目创新，才能缩小庞大的机关。机关的改革是：庙小一点，方丈减几个，和尚少一点。总的原则是：一定要压缩机关。为什么？因为我们建设了IT。为什么要建设IT？道路设计时要博士，炼钢制轨要硕士，铺路要本科生。但是，道路修好了扳岔道，就不需要这么高的学历了，否则谁也坐不起火车。因此，公司组织体系和流程体系建设起来时，就不要这么多的高级管理者了。

6. 规范化管理本身已含监控，目的是有效、快速地服务业务需要。要继续坚持业务为主导、会计为监督的宏观管理方法与体系的建设。所谓业务为主导就是，要敢于创造和引导需求，取得"机会窗"的利润；要善于抓住机会，缩小差距，使公司同步于世界而得以生存。什么叫会计为监督？就是为了保障业务的实现，提供规范化的财经服务，快捷、准确和有序，降低账务维护成本。规范化是一把筛子，在服务的过程中也完成了监督，要把服务与监控融进全流程。同时，还要推行逆向审计，追溯责任，从中发现优秀的管理者，铲除沉淀层。

7. 面对变革要有一颗平常心，要有承受变革的心理素质。我们要以正确的心态面对变革。所谓变革就是利益的重新分配，利益重新分配很重要，必须建立一个强有力的管理机构，进行利益的重新分配。在改革的过程中，要从利益分配的旧平衡逐步走向新的利益分配平衡。这种平衡的循环过程，是促使企业核心竞争力提升与效益增长的必要条件。但是，利益分配永远是不平衡的。进行岗位变革，也会涉及利益重新分配，比如：大

第十章 华为的危机管理：勇敢面对危机，在危机与忧患中成长

方丈变成小方丈，庙被拆除了，不管叫什么，都要用正确的心态来对待。

8. 模板化是所有员工快速管理进步的法宝。对于新员工来说，能看懂模板，会按模板来做，就已经国际化、职业化了。现在的文化程度，三个月就能掌握，而该模板却是前人经过几十年才摸索出来的，不必再去摸索。各流程管理部门、合理化管理部门，要引导各类已经优化的、已经证实行之有效的工作模板化。要想清晰流程，重复运行的流程，工作就一定要模板化。一项工作达到同样绩效，少用工，少用时间，才能说明管理进步了。只有抓住主要的模板建设，使相关模板的流程联结起来，才能使 IT 成为现实。

9. 华为的危机以及萎缩、破产一定会到来。现在是春天，但冬天已经不远了，在春天与夏天要想着冬天的问题。IT 业的冬天对其他公司来说不一定是冬天，对华为却可能是冬天。华为的冬天可能会来得更冷一些，我们还太嫩，我们公司经过十年的顺利发展没有经历过挫折，不经过挫折就不知道如何走向正确道路。磨难是一笔财富，没有经过磨难，是我们最大的弱点，因为我们还没有适应不发展的心理准备与技能准备。

10. 安安静静地应对外界议论。对待媒体的态度，全体员工都要低调，因为我们不是上市公司，不需要公示社会。我们主要对政府负责，对企业的有效运行负责。对政府的责任就是遵纪守法，我们去年交给国家的增值税、所得税是 18 亿元，关税是 9 亿元，加起来一共 27 亿元，估计今年要给国家交到 40 多亿元。我们已经对社会负责了。媒体有他们的运作规律，我们不要参与，员工到网上发评论，是在给公司帮倒忙。

员工只有把精力用到本职工作上去，将本职工作做好，才能带来更大的效益。国家的事由国家管，政府的事由政府管，社会的事由社会管，我

们只要做一个遵纪守法的公民，就完成了对社会的责任。只有这样，公司才能安全、稳定。

不管遇到任何问题，我们都要坚定不移地保持安静，听党的话，跟政府走；严格自律，不该说的话不要乱说。特别是干部，更要管好自己的家属。华为人都是非常有礼仪的人，当社会上认不出你是华为人的时候，你就是华为人；当社会认出你是华为人的时候，你就不是华为人，因为你的修炼还不到家。

"沉舟侧畔千帆过，病树前头万木春。"网络股的暴跌，必将对两三年后的建设预期产生影响，那时制造业就会收缩。眼前的繁荣是前几年网络股大涨的惯性结果，记住一句话："物极必反"。这一场网络设备供应的冬天，也会像它热得人们不理解一样，冷得出奇。

没有预见，没有预防，就会冻死。那时，谁有棉衣，谁就能活下来！

居安思危，不是危言耸听

有一篇文章叫《不眠的硅谷》，主要讲述了美国高科技企业集中地硅谷发生的艰苦奋斗故事，无数硅谷人与时间赛跑，度过了许多不眠之夜，才成就了硅谷的繁荣，引领了整个电子产业的节奏。华为同样如此，因为它也是无数优秀儿女贡献了青春和热血，才打下了今天的基础。

第十章 华为的危机管理：勇敢面对危机，在危机与忧患中成长

创业初期，华为研发部只有五六个开发人员，既没有资源，也没有条件，他们秉承20世纪60年代"两弹一星"艰苦奋斗的精神，以忘我工作、拼搏奉献的老一辈科技工作者为榜样，以勤补拙，刻苦攻关，夜以继日地钻研技术方案，开发、验证、测试……那时候的他们没有假日和周末，没有白天和夜晚，累了就在垫子上睡一觉，醒来接着干，这就是华为"垫子文化"的起源。

虽然今天的垫子都是用来午休的，但创业初期形成的"垫子文化"却记载着老一辈华为人的奋斗和拼搏，是需要传承的、宝贵的精神财富。

华为走到今天，很多人都认为已经很成功了；有人认为创业时期形成的"垫子文化"、奋斗文化已经不合适了，可以放松一些，可以按部就班……如果真抱有这样的思想，华为就危险了。繁荣的背后一般都充满了危机，这个危机不是繁荣本身必然的特性，而是处在繁荣包围中的人的意识。艰苦奋斗必然能带来繁荣，而繁荣后不再艰苦奋斗，必然会将繁荣丢失。

历史是一面镜子，它给了我们众多深刻的启示，企业必须长期坚持艰苦奋斗，才不会走向消亡。当然，奋斗更重要的是思想上的艰苦奋斗，要时刻保持危机感，面对成绩保持清醒的头脑，不骄不躁。

居安思危是华为文化的魂，是华为文化的主旋律。不管在任何时候，华为都没有因为外界的误解或质疑而动摇自己的危机文化，任何时候都没有因为华为的发展壮大而丢掉了自己的根本——居安思危。

据华为官方数据显示，2005年，华为实现了82亿美元的销售额；2006年，华为实现了110亿美元的销售额，其中65%的销售额来自国际市场。华为的销售额每年都在大幅度增长，新员工也在不断加入，企业不

断扩大，外界很多人都认为，这是华为最好的时光。但任正非却不这样认为。

任正非有着强烈的危机意识，他总能清醒地看到未来的危机，并积极采取防范措施。比如，虽然华为取得了不错的销售业绩，但任正非却说"电信业正在变穷"，觉得全球电信设备市场业绩虽然保持增长，但电信设备的价格却呈快速下降趋势。

任正非警告华为员工，不要沉溺在眼前的盈利和短暂的发展中，要将目光放长远，他说："10年来我每天都在思考失败，对成功视而不见，也没有什么荣誉感、自豪感，而是危机感，因此才存活了10年。"这种危机感的存在，让任正非总是能看得更长远，能够及时发现企业发展中的缺陷和不足，总能领先别人一步。

《左传》中有言："居安思危，思则有备，有备无患。"如今，市场竞争越来越激烈，优胜劣汰是所有企业的游戏规则，企业想要立于不败之地，就要具备一定的危机意识，能够居安思危。在企业发展壮大之后，认为自己在行业中能够长足发展，缺乏了对竞争环境变化的意识，即使危机来了，也不会发觉，最终只能削弱发展的动力。

在华为的春天里，任正非看到了即将到来的冬天，鼓励员工不断改进、不断完善自己；同时，还让他们看到市场发展的潜力，不断学习，不要太安逸。他笃定地认为，成功只是过去的阶段性胜利，不能说明一切，只有永远保持艰苦奋斗的思想传统，才能在更远的未来获得更大的成功。

管理者要为员工准备好过冬的棉衣，在"冬天"袭来时，员工才不会措手不及。任正非认为，企业的发展不会一帆风顺，在不同的发展阶段会遇到不同的考验，管理者只有不断提升自己的危机意识，才能在考验来临时及时应对。不论企业发展得有多大，也不论企业发展了多少年，管理者都要保持清醒的认识：为了企业能够生存下去，管理者必须时时打起精神来。

我们的竞争对手就是我们自己

华为是全球收入最高的电信设备商，也是我国最优秀的公司。

2014年6月16日，任正非首次与数家中国媒体见面，畅谈华为及自己："大家都说要揭开神秘面纱，其实揭开后一看有什么呢？满脸都是皱纹……在海啸现场、核辐射现场、地震现场，华为员工背起背包，傻呼呼地去抢修通信设备，去履行自己对客户的责任，已经做了全世界最好的广告……为客户产生价值，客户才会从口袋里拿出钱来。我们一定要把所有的改进对准为客户服务。"

2013年，华为的收益超过爱立信，成为收入最高的电信设备商。截至目前，华为的设备服务全球三分之一的人口，网络设备已经遍及五大洲170多个国家和地区，无论是业务、管理，还是员工构成，华为都是在全球化道路上走得最远的中国公司。

任正非认为，华为的竞争对手，就是自己。在华为的前进中，能够起到阻碍作用的，就是内部腐败。因此，华为一直都在坚持开放和学习，融合吸收所有优秀成功实践，向美国学管理体系、创新机制，向日本、欧洲学习人才教育、创新环境，向阿甘学习简单和坚持，向李小文学习艰苦奋斗。

对数字的过度崇拜、对成本的过度控制、对企业集团规模的过度追求、对创造力的遏制，管理的过度使一批美国大企业遭遇困境。为了避免管理者的孤芳自赏、自我膨胀，华为以客户为中心，实现了跨领域、跨部门的流程集成和贯通。

虽然华为2015年的研发投入达596亿元人民币，占比销售收入15.1%；过去十年，累计投入超过2400亿元人民币。但任正非依然认为，华为现在的水平依然停留在工程数学、物理算法等工程科学的创新层面，还没有真正进入基础理论研究。随着逐步逼近香农定理、摩尔定律的极限，华为已经感到前途茫茫，找不到方向。现在的华为正在行业中逐步攻入无人区，处于无人领航、无既定规则、无人跟随的困境。

任正非强调，重大创新是无人区的生产法则，没有理论突破、没有技术突破、没有大量的技术积累，是不可能产生爆发性创新的。因此，华为跟着人跑的"机会主义"高速度逐步慢下来。

任正非说："成功的标志是什么？全世界68个战略高地，我们才进入三五个，怎么叫成功？这不是危机意识，这就是假设，假设未来的方向，看你现在处在什么位置。"面对快速成长的华为，任正非没有多谈华为已经为未来储备了多少"前沿技术"，而是在内部不断地提醒华为和未来的差距。

第十章　华为的危机管理：勇敢面对危机，在危机与忧患中成长

每个员工都要有危机意识

《伊索寓言》里有一则故事：

一头野猪闲来无事，在树干上磨牙。一只狐狸走过来，看到了，问："为什么不躺下来休息享乐，况且现在并没有猎人和猎狗。"野猪回答说："等到猎人和猎狗出现的时候，再磨牙就晚了！"

同样，明朝作家刘元卿在题为《猱》的短文中也记述了一个故事：

猱的体型很小，爪子很锋利。老虎头皮发痒，猱就爬上去为他搔痒，搔得老虎舒服极了。猱不停地搔，还在老虎的头上挖了个洞，老虎因感觉舒服没有察觉。最后，猱直接吃掉了老虎的脑髓。

19世纪末，美国康奈尔大学进行过一次著名的"青蛙实验"：

一只青蛙被放到煮沸的大锅里，青蛙触电般地立即蹿了出去。后来，人们又把它放在一个盛满凉水的大锅里，让它自由游动。之后，用小火慢慢加热，青蛙虽然感受到了外界温度的变化，却因懒惰而没有立刻往外跳。后来，温度越来越高，青蛙终于失去了逃生能力，死在了锅里。

无论是前面的两个小故事，还是这个实验都说明了一个道理：生于忧患，死于安乐！

任正非时刻都充满着危机感，并将这种危机意识传递给每一个华为员工。任正非在其文章《华为的冬天》中写道：

所有员工是否考虑过，如果有一天，公司销售额下滑、利润下滑甚至破产，我们怎么办？公司的太平时间太长了，在和平期升的官太多了，也许就是我们的灾难。泰坦尼克号也是在一片欢声笑语中出海。而且我相信，这一天一定会到来。面对这样的未来，我们怎么来处理？我们是不是思考过？很多员工盲目自豪，盲目乐观，如果想过的人太少，也许就快来临了。居安思危，不是危言耸听。

企业员工一直沉溺于过去的辉煌，没有忧患意识和危机精神，盲目乐观。因循守旧，不思进取，时间一长，就会被习惯性思维所控制，丧失锐气。而整个企业就可能如温水煮青蛙那样，对生存环境的变化浑然不觉，失去竞争力，待意识到变化来临，已无力应变，最终被市场淘汰。

烧不死的鸟就是凤凰

华为人认为，失败是一笔宝贵的财富，并主张在失败中进步。任正非说："失败并不可怕，失败是一种光荣，一个经常失败的人一定会比一个从不失败的人强，因为他勇于创新，勇于突破。"

任正非认为，对华为员工学习能力的评价，不仅要评价他对基本知识的学习能力，更要对他从失败中学习的能力做出评价。华为承认并允许员工有一个成长过程，对于考核不合格的员工，华为不会立刻解约，而是采取下岗培训的方式，主动帮助员工进步。下岗再培训是华为提高员工整体素质的重要手段。

当年，葛剑加入华为辽宁办事处，主要负责开拓一个难度很大的区域市场。工作了一段时间后，葛剑与当地客户建立了初步关系。结果，就在他自认为小有进步的时候，接到了下岗培训通知。

在华为的企业文化里，从华为走出去的都是好汉，留下来的都是英雄。葛剑陷入了短暂彷徨，思考之后，决定留下来。在华为深圳总部，葛剑与其他留下来的华为人在众多专职辅导老师协助下，进行批评与自我批评，逐步认识到了自己身上存在的问题并努力克服。培训了整整一周后，便到工厂参加了为期5周的生产劳动。

在华为坂田生产基地的现代化厂房里，葛剑在工人小师傅的指导下，认真处理每一块单板、元器件。生产线的工作经历，让他真正理解了从书面上学到的产品知识。下岗培训结束后，葛剑又回到市场一线，工作效率明显提升。

华为录用管理者最主要是看这个人是否曾经在外面受过重大挫折，且已经认识到该挫折并进行了改进。任正非认为，越是逆境，越能去除年轻人身上的缺点和浮躁，越能萃取出其潜在的优点和能力，即所谓越困难越乐观，越能成长，越能战斗。

为了鼓励内部员工勇于尝试失败，华为在《关于内部创业的管理规定》中规定：凡是在公司工作满两年以上的员工，都可以申请离职创业，成为华为的代理商。公司为创业员工提供优惠扶持的政策，不仅给予相当于员工所持股票价值70%的华为设备，还有半年的保护扶持期，员工在半年之内创业失败，可以回公司重新安排工作。

美国商界流传着这样一句话："一个人如果从未破产过，那他只是个小人物；如果破产过一次，他很可能是个失败者；如果破产过三次，那他就完全有可能无往而不胜。"对于失败，我们不仅要正视它，还要从失败中学习。日本经营之神松下幸之助对此理念阐述得十分透彻："跌倒了就要站起来，更要往前走。跌倒了站起来只是半个人，站起来后再往前走才是完整的人。"

事物都有两面性，在激励机制建设方面，任正非的见解带有浓厚的辩证色彩：既要从成功的项目中发现和培养管理者，又要从失败的项目中，发现人才。他一再强调，要避免考绩绝对化、形而上学，因为创业和创新的路上，没有现成的模式可以套用，失误在所难免。

华为鼓励员工要大胆工作，不怕犯错误，因为失误的过程就是成长的过程，成长的过程就是不断否定过去的失误。所以，不要怕承担责任，有失误就改正。

任正非说："总结这两个字，谁都知道它的意思，但是全世界善于总结的人没有几个。成功了，我们要总结，总结成功的地方，下一回发扬光大；失败了，也要总结，总结错误的地方，下一回不再犯同样的错误。通过每一次总结，不断修正方向。只要不断地修正方向，肯定会成功。"从泥沼中爬出来的才是圣人，烧不死的鸟才是凤凰，华为站在失败的肩上，才能看得更远！

第十章　华为的危机管理：勇敢面对危机，在危机与忧患中成长

华为没有成功，只是在成长

1999年之前，华为在国际市场上只见投标，不见中标，为了打进国际市场，交了很多学费。但是，任正非知道，只要不断地建设和改进，总会有出路的。就像香港大亨李嘉诚说的那样："人生的过程中尽管不无遗憾，但我学到了最价值连城的一课——逆境和挑战，只要能激发起生命的力度，我们的成就是可以超乎自己所想象的。"

如今的华为，在国际市场上越来越成功，跟前几年比起来，华为取得了质的飞跃。但面对越来越好的发展形势，任正非却始终抱着不自满、不自傲、继续求进步的态度。其实早在2001年任正非赴日本考察时，华为就已经成为国内首屈一指的电信设备供应商了，年销售额达220亿元，可他却认为这不算成功。

在《北国之春》中，任正非写道：

华为人是一群从青纱帐里走出来的土八路，还习惯于埋个地雷、端个炮楼的工作方法，不习惯于职业化、表格化、模板化、规范化的管理；重复劳动、重叠的管理还很多，这都是效率不高的根源。我看过香港秘书的工作，有条有序地一会儿就把事做完了，而我们还在摸索，做完了还不知

合格与否，还要开个小会审查，这就是高成本。如今，我们的职业化、规范化、表格化、模板化的管理还十分欠缺。要迅速实现IT管理，管理者素质就要极大地提高。

推行IT的障碍，主要来自公司内部，来自高、中级管理者因电子流管理导致权力丧失的失落。我们是否正确认识了公司的生死存亡必须来自管理体系的进步？这种进步就是快速、正确，端对端、点对点，去除了许多中间环节。面临大批高、中级干部随IT（管理）的推行而下岗，是否做好了准备？为了保住帽子与权杖，是否可以不推行电子商务？关键是，得说服竞争对手也不要上，大家都手工劳动？我看是做不到的。沉舟侧畔千帆过，不前进必定死路一条。华为存在的问题不知要多少日日夜夜才数得清楚……

任正非深知，在企业的发展过程中，总会遇到危机，一时的成就不能代表成功，作为企业，必须不断成长。在《北国之春》中，任正非还提到：

华为的危机及萎缩、破产一定会到来。现在是春天，但冬天已经不远，在春天与夏天要想着冬天的问题。我们可否抽一些时间，研讨一下如何迎接危机。IT业的冬天对别的公司来说不一定是冬天，而对华为可能是冬天。华为的冬天可能来得更冷一些。（因为）我们还太嫩，公司经过十年的顺利发展没有经历过挫折，不经过挫折，就不知道如何走向正确道路。磨难是一笔财富，没有经过磨难，是我们最大的弱点。我们完全没有适应不发展的心理准备与技能准备。

在讨论危机的过程中，最重要的是要结合自身来想一想。所有员工的职业化程度还不够，提拔管理者时，首先要先讲品德，要有敬业精神、献身精神、责任心和使命感。危机并不遥远，死亡却是永恒的，这一天一定会到来，你一定要相信。

华为用自己的亲身经历告诉我们，管理者不能轻易沉迷于眼前的成功，企业的发展任重道远，在合格的、优秀的管理者的眼中没有成功，只有成长。

第十一章

华为的文化管理：
积极发挥文化的润物细无声作用

华为的核心价值观

在过去几十年里,华为投入比较多的是"核心价值观"这个领域。如今,华为的核心价值观已经形成了比较系统的输出,经过长期的耕耘,已经深入人心。

企业怎样才能长治久安,是古往今来最大的一个问题。推动企业前进的主要动力是什么?怎么使这些动力长期稳定运行,而又不断地自我优化和更新呢?利用制度建立起一个基业长青的企业,是通向"世界级"企业目标的起点,但并不是终点。通过制度体系的建立而改变人,实现企业价值观念的代代相传,才是最终目标。

企业必须通过组织归纳和提炼价值观念,发动公司上下学习,灌输到新一代管理者头脑中,确保即便管理层不断更替,企业的优秀"DNA"也能一代一代传承下去。当DNA传承下去后,管理体系、管理制度就能顺应外界环境及内部业务发展的需要进行更新和调整,所以,华为需要核心价值观。

任正非有一句非常经典的话:"资源是会枯竭的,只有文化才能生生不息。"这就是核心价值观对于华为的意义。《华为基本法》的出台,不是

第十一章 华为的文化管理：积极发挥文化的润物细无声作用

整个核心价值观的总结，而是开始，华为一直都在持续不断地完善和优化自己的核心价值观。之后，公司还启动了对整个愿景、使命和核心价值观的梳理和提炼。

基于《华为基本法》里的众多的理念，可以把整个华为的核心价值观提成六点：成就客户、艰苦奋斗、自我批判、开放进取、至诚守信、团队合作。

1. 成就客户

为客户服务是华为存在的唯一理由，客户需求是华为发展的原动力。华为坚持以客户为中心，快速响应客户需求，持续为客户创造长期价值进而成就客户。员工知道：为客户提供有效服务，是自己工作的方向和价值评价的标尺，成就客户就是成就自己。

2. 艰苦奋斗

华为没有任何稀缺的资源可以依赖，只有艰苦奋斗，才能赢得客户的尊重与信赖。奋斗体现在为客户创造价值的任何微小活动中，以及在劳动的准备过程中为充实提高自己而做的努力。华为坚持以奋斗者为本，使奋斗者得到合理的回报。

3. 自我批判

自我批判的目的不是自我否定，而是不断进步、不断改进。只有坚持自我批判，才能倾听、扬弃和持续超越，才更容易尊重他人和与他人合作，才能实现客户、公司、团队和个人的共同发展。

4. 开放进取

为了更好地满足客户需求，华为积极进取、勇于开拓，坚持开放与创新。任何先进的技术、产品、解决方案和业务管理，只有转化为商业成功才能产生价值,因此华为一直都以坚持客户需求为导向,并围绕客户需求持续创新。

5. 至诚守信

只有内心坦荡诚恳,才能言出必行,信守承诺。诚信是华为最重要的无形资产,华为坚持以诚信赢得客户。

6. 团队合作

胜则举杯相庆,败则拼死相救,团队合作不仅是跨文化的群体协作精神,也是打破部门墙、提升流程效率的有力保障。华为有着一支战无不胜的团队!

远大的追求,求实的作风

企业的成功,根源于企业家的胆识和追求,在于企业家的价值观和胸怀。企业家依据自己的追求和价值准则,建立公正的价值体系和价值分配制度,吸引和积聚优秀人才,建立严密的、有高度活力的组织,才能形成有高度凝聚力和高度文明的企业文化。

企业的生命周期是由企业的内部特征决定的。如果只卖产品,而产品又受生命周期这一客观规律制约,因而不能逃脱夭折的厄运,注定只能是短命的。有种企业既卖产品又卖文化,文化的生生不息会导致产品不断柳

第十一章 华为的文化管理：积极发挥文化的润物细无声作用

暗花明，所以注定能活得很长；而且，文化鲜明的民族特征能给企业带来持续推动力，因此企业文化必须体现出一个民族的远大追求文化。

华为的远大追求主要表现在三方面：第一，实现顾客的梦想，成为世界级领先企业；第二，在开放合作的基础上，独立自主和创造性地发展世界领先的核心技术和产品；第三，以产业报国、振兴民族通信工业为己任。

强大的国家是企业发展壮大的沃土，企业必须以国家作为后盾；同样，如果国家没有强大的、在国际上领先的企业群，经济也就失去了基础，政治上也就没有地位。任何一个强大的企业，不管所有制性质如何，都是国家经济实力的创造者，都是国家增强综合国力的源泉。企业要在经营活动中处处表现出爱祖国、爱人民、爱事业、爱生活的价值观念。

爱祖国不是一句空洞的口号，要想成长为世界级公司，就要独立自主、自力更生地发展领先的核心技术体系和产品系列，这种长期艰苦奋斗的精神力量只有来自爱祖国、爱人民。华为的管理者和员工都是有血有肉的凡人，既爱祖国、爱人民，又爱事业、爱生活、爱自己和家人。他们把远大的追求与切身利益有机地结合在一起，把"造势与做实"紧密结合在了一起。

华为要求每个员工：要热爱自己的祖国，热爱华为这个多灾多难、刚刚开始振兴的企业；华为相信，总有一天，自己会在世界通信的舞台上占据一席之地；不管在任何时候、任何地点，都不要做对不起祖国、对不起民族的事情；要严格遵守公司的各项制度与管理。

任正非认为，几千年来中国土地上之所以出不了像惠普、西门子这样的大公司，原因就是，之前的中国没有那样的大环境，没有国际大公司生存的土壤,现在是中国历史上最好的时期。也就是说,当代中国具备了产生国际大公司的社会条件。

华为从成立之初就面临着生死存亡的危机,在家门口面临国际大公司的围攻,但是华为有幸得到了国家政策的支持,这是华为后来能够迅速成长的重要原因之一。华为知道,自己的发展与成功离不开国家的支持,华为人都热爱祖国,永远对祖国忠诚。

除了上述原因,早年的经历也让任正非明白:不管在任何时候都不能与祖国为敌,任何时候都要维护祖国的利益。"文化大革命"期间父亲备受折磨,但他教育任正非,始终要相信:祖国和党一定能将一切都处理好的。作为一个经历过重大政治动荡又赶上一个良好发展时期的人,任正非的政治觉悟很高,这也是华为能够健康发展的一个重要原因。

尊重个性,集体奋斗

华为是一个大集体,其成功的关键之一就是,把高素质的人员团结到了一起,通过企业文化这个转换器,让每个人在充分发挥自己能力的同时,发挥了团队的最大战斗力。

"胜则举杯相庆,败则拼死相救"是华为团队文化的体现,华为接待客户的水平是世界一流的。华为的接待建立在团队合作的基础上,对客户

第十一章 华为的文化管理：积极发挥文化的润物细无声作用

的服务已经形成一个系统，华为几乎所有部门都会参与进来。

有一次，杭州某地市局副局长带领4个人到深圳基地参观，华为立刻从不同部门抽调出人员，组建了20人的团队，直接为他们提供了全过程的服务。

首先，杭州办事处的秘书填写了客户接待的电子流，由办事处会计申请了出差备用金；然后，深圳的客户工程部接待人员打电话到杭州办事处核实和修改电子流中的行程安排，安排专门的司机和接待人员到机场接机、安排住宿；这时，系统部职员会及时打电话和销售人员确认高层接待事宜，并且负责安排高层领导接待；接着，公司某总监在酒店设接风宴招待参观人员，同时总台打出电子屏幕"欢迎某某局长一行"；饭后，由公司另一总监在公司会议室向客户统一介绍华为的产品战略；紧接着，带领客户到公司产品展示厅由不同的展厅人员分别讲解移动产品、传输产品、宽带产品；然后，由生产部人员带领客户参观生产部；之后，回到会议室，由各职能部门总监介绍华为企业文化、财务管理、产品研发、公司前景等；最后，由公司副总裁设送行宴，由客户工程部到机场送行。

华为的管理模式是矩阵式管理模式，这种模式要求企业内部的各个职能部门相互配合，要通过互助网络，对所有的问题都做出迅速的反应。接待客户参观，虽然是一个再简单不过的接待，但依然涉及了各个职能部门。如果没有团队精神作为支撑，完整的客户服务流程也就无法顺利完成了。

华为内部规定，从签合同到实际供货必须在四天内完成，销售人员在相互配合方面的效率之高让客户惊叹，让对手心寒。

任正非在《致新员工书》中写道：

华为的企业文化是建立在国家优良传统文化基础上的企业文化，这个企业文化黏合全体员工团结合作，走群体奋斗的道路。有了这个平台，你的聪明才智方能很好发挥，并有所成就。没有责任心，不善于合作，不能群体奋斗的人，等于丧失了在华为进步的机会。

华为非常厌恶的是个人英雄主义，主张的是团队作战。但是，华为既强调集体奋斗，也给个人以充分发挥才能的平台。高技术企业的生命力在于创新，而突破性的创新和创造力实质上是一种个性行为，华为尊重人才、尊重知识、尊重个性。但高技术企业又要求高度的团结合作，今天的时代已经不是爱迪生的时代，技术的复杂性、产品的复杂性，必须依靠团队协作才能攻克，华为团队在这方面发挥了重要作用。

在组织上，特别是科研和营销组织上，华为采取团队方式运作；在工作态度考评上，华为强调集体奋斗、奉献精神；在工资和奖金分配上，华为实行能力主义工资制，强调能力和绩效；在知识产权上，华为保护个人的创造发明；在股权分配上，华为强调个人的能力和潜力。

华为以高技术为起点，着眼于大市场、大系统、大结构，是一家高科技企业，所有的员工都坚持合作，走集体奋斗之路。没有足够专业能力的人跨不进华为的大门，融不进华为的文化，也就失去了在华为发展的机会。

第十一章 华为的文化管理：积极发挥文化的润物细无声作用

结成利益共同体

企业是一种营利组织，但必须将"为谁谋利益"的问题解决掉，否则企业是不可能获得长远发展的。

华为奉行利益共同体原则，使顾客、员工与合作者都满意。这里合作者的含义是广泛的，包括与公司利害相关的供应商、外协厂家、研究机构、金融机构、人才培养机构等，甚至一些竞争对手也是合作者。

华为正是依靠利益共同体和利益驱动机制，不断地激活了整个组织。

任正非非常低调，没有大企业家的架子，去机场从来都不让人接送。华为推崇财散人聚，把劳动果实分享给与之奋斗的员工；很少有华为员工说公司的不是，他们都对公司充满敬意，对老板充满尊重，即便是离职的华为人，对公司也是满满的敬意。

能做到这一点的企业，在国内并不多，很多企业员工离职，就伴随着与公司开撕。而无数事实证明，愿意在员工身上花钱的企业最好管理——员工责任感强，他们不仅是为公司奋斗，也是在为自己奋斗。

在财富被过度渲染的今天，要想不做财富的守财奴，就要具有豁达的心胸。其实，对企业家来说，财富超过一定额度，便是一个符号。固守财富不肯分享，财富就会成为自己的累赘，成为公司前进的阻力，导致员工不能上下齐心。

华为将利益分配写进了制度里，华为主张："在顾客、员工与合作者之间，结成利益共同体，努力探索按生产要素分配的内部动力机制。"对于员工，华为人的收入只能来自工资、分红及福利，不能通过其他途径，否则就会腐蚀公司的肌体。

任正非曾说：坚持"力出一孔，利出一孔"，下一个倒下的就不会是华为。"利出一孔"出自《管子·国蓄》："利出一孔者，其国无敌；出二孔者，其兵不诎；出三孔者，不可以举兵；出四孔者，其国必亡。"就国内来看，雷锋式的员工通常比较吃亏，他们任劳任怨，从不跟领导提薪酬，公司却视而不见。长此以往，公司内部就会怨声四起，扯皮推诿，情绪消极。华为则不同，其企业文化的重要一条就是"以奋斗者为本"。

对待奋斗者，华为舍得投入。华为绝不让活雷锋吃亏，奉献者自然会达到合理的回报。任正非曾说："我们今天是利益共同体，明天是命运共同体。当我们建成内耗小、活力大的群体时，抗御风险的能力就强了，才可以在国际市场的大风暴中搏击。"

只要任正非稍微小气一点，他的身价早就成百上千亿了，但他没有这样做，其在公司持有股份仅有1.42%，他把剩下的股份都分配给了为华为奋斗的全体员工。任正非的慷慨，将华为打造成了一个利益共同体，构筑起了华为人"胜则举杯相庆，败则拼死相救"的精神基石。

很多民营企业的财富，多为创始人等少数几个人所有，大部分员工都是看客。华为的财富却是全体员工共同所有，是一个同甘共苦的团队。如此，也就减少了内耗，提高了执行力。任正非对财富的认识，是华为今天能做大做强的原因所在。

无论国内、国外，人都是情感性动物，而研究表明，舍得在员工身上花钱的企业，管理成本相对较低。2015年中秋节，华为给每个员工发放了1000美元。在一些企业连发月饼都很不情愿时，华为却把赚到的钱拿出来与员工分享，收获了人心的依附。

任正非独到的管理思想，让华为人拥有了超高的忠诚度。

公平竞争，合理分配

华为的价值评价体系和价值分配制度是华为成功的关键，是华为管理中最有特色之处。

华为本着实事求是的原则，从自身的实践中认识到：知识、企业家的管理和风险与劳动共同创造了公司的全部价值，公司是用转化为资本的方式使劳动、知识、企业家的管理和风险的积累贡献得到合理的体现和报偿。员工只要为企业做出了长期贡献，他的资本就有积累；同时，不仅创业者的资本有积累，新加入者只要为企业做出特殊贡献，他们的利益也会通过转化为资本的方式得到了体现和报偿，使劳动、知识、管理成为一体，使分配更加合理。

《华为基本法》里对华为精神的定义是："爱祖国、爱人民、爱事业和爱生活是我们凝聚力的源泉。企业家精神、创新精神、敬业精神和团结合作精神是我们企业文化的精髓。"华为不仅建设了奉献文化，还坚持获益与公平的原则。获益是华为文化的核心、基础。

华为企业文化建立的一个前提是建立一个公平、合理的价值评价体系与分配体系。华为崇尚雷锋、焦裕禄精神，在公司的价值评价及价值分配体系中体现，决不会让雷锋们、焦裕禄们吃亏。对于为华为奉献的员工，华为会给予其足够的回报。

华为从以下四个方面使价值分配制度尽量合理：第一，遵循价值规律，按外部人才市场的竞争规律决定公司的价值分配政策；第二，引入内部公平竞争机制，确保机会均等，在分配上充分拉开差距；第三，树立共同的价值观，使员工认同公司的价值评价标准；第四，以公司的成就和员工的贡献作为衡量价值分配合理性的最终标准。

在对待报酬的态度上，华为人的传统是：不打听别人的报酬是多少，不要与别人比，要想得到高回报，就要把注意力集中在自己的工作上，如果觉得不公平，不闹不吵、好合好散；如果到外单位折腾一段，觉得还是华为好，再回来，欢迎！

由此可见，华为的文化是一种实事求是的文化，是一种建立在尊重价值规律和自然规律基础上的文化，是一种精神文明与物质文明互相结合、互相促进的文化。

第十一章 华为的文化管理：积极发挥文化的润物细无声作用

管理的最高境界是无为而治

为什么世界上出现了 IBM、微软？其体现的不仅是技术，更是管理。从某种意义上看，某些公司不比华为差，为什么没有发展起来，就因为没有融入管理。

任何东西都可以买来，只有管理是买不来的。这是一个非常宏大的工程，不是一个哈佛大学的学生就能搞出来的，要靠全体优秀的华为人一起来发挥聪明才智。华为之所以要招聘一大批高学历、高层次人才，目的就是要理解、接受、消化先进的管理，因为要想抓好管理，需要先理解管理。

华为打翻身仗，靠的就是管理。一旦解决了管理能力太低下、人员浪费太大、重复劳动太多等问题，效益完全可以翻一番。规模是优势，规模优势的基础是管理。大规模不可能自动地带来低成本，低成本是管理产生的，盲目的规模化是不正确的，规模化以后没有良好的管理，同样也不能出现低成本。

华为曾是一个"英雄"创造历史的小公司，如今正逐渐演变为一个职业化管理的具有一定规模的公司。淡化英雄色彩，特别是淡化领导者、创业者个人色彩，是实现职业化管理的必由之路。只有管理职业化、流程化才能真正提高公司的运作效率，降低管理内耗。

管理，简单的两个字，蕴含着太多的理论知识和职场实操。俗话说："不想当将军的士兵不是好士兵。"在企业中，每个人都想做管理者，但并不是每个人都会做管理。

有的管理者说：管理很简单，只要把下面的员工一个个监督好，让他们完成工作任务就可以了。

有的管理者说：只要给下属施加压力、设定考核，他们自然会听话照做。

其实，真正的管理并不是时时刻刻监督员工、约束员工，而是要建立机制，让机制自动运行，让下属在机制下自觉工作、自我管理，实现无为而治。

杰克·韦尔奇有一句名言："管得少就是管得好。"这句话告诉我们，管得少是指有机制做基础铺垫。只要有了支撑性，员工就能自觉工作，所有的工作行为、管理行为都可以得到满足，管理才算到位。

管得少，并不是说管理者的工作减少，也不是说管理者的权责减少，而是一个工作方式的转变、思维上的转变：从人治转为法治，最后到无为而治。

关于无为而治的管理方式，任正非在多次谈话中进行了强调。任正非在《华为基本法》第四稿修改会议上的讲话中指出："管理学上有一个观点：管理控制的最高境界就是不控制也能达到目标。"这实际上就是老子所说的："无为而无不为。"《华为基本法》的制定，就是为了使华为达到无为而无不为的境界。没人管长江水，但它依然奔流到海不复还。华为将

第十一章 华为的文化管理：积极发挥文化的润物细无声作用

来也要像长江水一样，管理层不用成天疲于奔命，就能自动地势不可当地向成功奔去。当然这需要一个过程。

为什么成功的外国公司的大老板整天打高尔夫球，而我国很多企业高层却疲惫不堪？就是因为他们还没有达到"无为而无不为"的境界。"无为而无不为"不是无为而治，它体现的是：不需要怎么管，但事物都在前进。

2015年有人跟任正非有过一次花园谈话，任正非说："我们不是靠人来领导公司的，我们用规则的确定性来对付结果的不确定。"对方问他："你怎么一天到晚都游手好闲？"他说："我是管理长江堤坝的，长江不发洪水就没有我的事，长江发洪水不太大也没有我的事。我们都不愿意发生大洪水，但即使发了大洪水，早就有预防大洪水的方案，也没有我的事。"

实现无为而治，不仅是管理者实现"从心所欲不逾矩"的长期修炼，更是华为价值评价体系的正确导向。行为英雄化不仅会破坏公司的流程，严重的还会导致公司最终分裂。在这个问题上，华为认为，高级管理者的价值评价体系导向比个人修炼更重要。

第十二章

华为的创新管理：
大胆创新，不做追随者

创新实践1：技术创新

创新是企业成长的动力和跳板，因此西门子将"创新文化"作为公司的首要战略。它们认为，创新文化不单纯包括技术创新，还有员工激励、团队精神、创新自由等因素。同样，华为也非常崇尚创新，在对创新的孜孜追求中，华为对创新形成了自己的观点——不创新是华为最大的风险。这个观点就是对创新的肯定。

华为的研发能力与国外同行相比差距很大，有人据此认为华为没有必要创新。可是，华为深知"逆水行舟，不进则退"的道理，公司由上到下都树立了一种创新意识，从公司高层一直到研发总部，都在不断地营造和倡导创新氛围，在这样的环境里，研究人员没有太多的束缚或限制，可以放开思路大胆设计、创造。

任正非明确指出："没有创新，要在高科技行业中生存下去几乎是不可能的。在这个领域，没有喘气的机会，哪怕只落后一点点，就意味着逐渐死亡。"创新是生命活力的体现，正像华为研究室墙上的标语所说：新产品在我们手中，质量在我们手中，企业美好的明天在我们手中。

从某种意义上说，正是由于华为等一批国内通信公司的成长以及大批先进通信产品的问世，才使得西方公司改善服务、大幅降价，仅移动蜂窝设备就从每载频 5 万美元降至 1.5 万美元。同时，华为的创新意识是华为成功的基石，也间接为国家节约了数百亿元的采购成本。

作为一个高科技企业，华为从成立之初就将使命锁定在通信核心网络技术的研究和开发上，明确技术创新是决定企业生死存亡的生命线。拥有企业自主知识产权和核心技术的产品，是华为技术创新的一个重要目标。华为明白，作为后起之秀，在科技含量高的通信领域，在与国外的强大竞争对手的角逐中，只有形成自己企业的核心技术产品，才能赢得市场支持。

1993 年，华为成立了基础研究部，专门负责研发华为通信设备所需要的专用集成电路 (ASIC)。大量 ASIC 芯片的推出，不仅构筑了华为在硬件方面的核心技术基础，还大大降低了成本。

1996 年，任正非提出了华为著名的"压强原则"，通过持续的、大规模的科研投入，集中精力突破一点，使华为的部分产品达到世界先进水平、局部处于领先地位，从而获得市场的支持。

2009 年，任正非提到"深淘滩，低作堰"。他说，深淘滩就是，要多挖掘一些内部潜力，确保增强核心竞争力的投入，确保对未来的投入，即使在金融危机时期也不动摇；低作堰就是，不要因短期目标而牺牲长期目标，多一些输出，多为客户创造长期价值。

持之以恒、周而复始、心无旁骛的技术研发高投入为华为取得技术优势和产品核心竞争力奠定了坚实的基础。从 1993 年起，华为坚持以每年超过销售额 10% 的比例投入到技术研发中。

2010 年新年伊始，华为发布了下一个十年通信行业趋势展望。华为认为,在电信渗透率饱和时代即将来临之际,"超越人口,发展用户""超越语音,发展业务""超越管道,发掘价值""超越行业,发展行业"等"四个超越",能帮运营商突破"人口、语音、管道、行业"等天花板,把电信行业带到新高度;华为预计,物联网、移动宽带、云计算、家庭网络等四类创新型技术,能帮助运营商实现"四个超越"。

在通信行业转型发展的下一个十年中,我们相信,华为一定会一如既往地进行产品创新、业务创新、架构创新和技术创新,制定面向未来的Single网络战略,支撑未来业务的增长,带动整个行业的持续发展。

创新实践2:"工者有其股"的制度创新

员工持股制度是华为最大的颠覆性创新,也是华为创造奇迹的根本所在。

任正非在《一江春水向东流》一文中道出了华为员工持股制度的产生过程:"我创建公司时设计了员工持股制度,通过利益分享,团结起员工。那时我还不懂期权制度,更不知道西方在这方面很发达。仅凭自己过去的人生挫折,感悟到要与员工分担责任,分享利益。"

1990年,华为第一次提出内部融资、员工持股的概念。这时候,还不是国际意义上的员工持股。主要在于两点:首先,内部持股员工只有分红权,没有公司法上股东所享有的其他权利;其次,员工所持股份在退出公司时价格是按照购股之初的原始价格回购,员工也不享有股东对股票的溢价权。

直到2001年改为虚拟受限股以前,华为员工持股的基本做法是:工作1年以上的员工均可以购买公司的股份;购买数量的多少取决于员工的级别(13~23级)、绩效、可持续贡献等,一般在年底通知员工可以购买的股份数;员工以工资、年底奖金出资购买股份,资金不够的,公司协助贷款(个人助业贷款);购买价格为1元/股,与公司净资产不挂钩员工购买股份后的主要收益来自于公司分红,分红情况与公司效益挂钩。员工离职时,公司按照员工原来的购买价格即1元/股回购;除1995年和1996年公司曾给员工持股证明外,其他年份就不再给员工持股证明,但员工可以在公司查询并记录自己持股量的多少;工会(下设持股委员会)代表员工管理持有的股份,是公司真正的股东,员工自身并没有公司法上股东完整的权利。

2001年年底,在任正非的强力推行下,华为实行员工持股改革:新员工不再派发长期不变的1元/股的股票,而老员工的股票也逐渐转化为期股,即所谓的虚拟受限股。虚拟受限股(下称虚拟股),是华为投资控股有限公司工会授予员工的一种特殊股票。每年,华为都会根据员工的工作水平和对公司的贡献,决定其获得的股份数;员工按照公司当年净资产价格购买虚拟股;拥有虚拟股的员工,可以获得一定比例的分红,以及虚拟股对应的公司净资产增值部分,但没有所有权、表决权,也不能转让和出售。在员工离开企业时,股票只能由华为控股工会回购。

华为认为,虚拟股比原来的持股方式更为合理。公司规定:根据内部的评价体系,员工的虚拟股每年可兑现1/4,价格是最新的每股净资产价格。但是，对中高层的兑现额度则做了另外规定：每年只能兑现 1/10，除非离职；在离开后，还要经历公司严格的 6 个月审核，确认不出现创业公司的产品与华为构成同业竞争、没有从华为内部挖过墙脚等条件中的任何一条后，方可全额兑现。

各持股员工都有权选举和被选举为股东代表，这些持股员工选出 51 人作为代表。这 51 名代表中轮流选出 13 人作为董事会成员，5 人担任监事会的成员。

华为通过不断调整股票的分配方式来维系整个组织的活力。2008 年，华为微调了虚拟股制度，实行饱和配股制，即规定员工的配股上限，每个级别达到上限后，就不再参与新的配股。这一规定使得手中持股数量巨大的华为老员工配股受到了限制，但更有利于激励新员工。

华为推行员工持股制度，吸引、团结、黏合住了大批人才，包括国际化员工。用任正非的话说，正是这种制度，形成并沉淀了公司的利益分享、以奋斗者为中心的文化。

创新实践3：产品微创新

早期，无论是西方公司，还是华为，给运营商卖设备采用的都是代理商模式。华为改变了当年中国市场的营销模式，由代理模式走向了直销模式。其实，开始使用这个模式，也是被逼出来的——产品差，问题频出，必须贴近客户、提高服务质量。

华为老员工经常说的一个词就是"守局"，这里的"局"指的是邮电局，就是今天的运营商。设备随时出问题，华为的研究人员、专家，总会几十个人安装完一台设备后，守在偏远的县、乡邮电局（所）一两个月，白天设备在运行，只能在晚上到机房进行检测和维护。设备不出问题是侥幸，出故障是大概率。华为的微创新文化由此产生！

有一次，华为交换机销售到湖南，结果一到冬天，设备就短路。为了找到原因所在，他们将出故障的设备拉回深圳，没日没夜地琢磨到底是什么问题。最后发现，外壳上居然有一种不明动物撒的尿。之后，他们在设备上撒一泡尿，结果没发现问题，接着又苦思冥想。

第二天有人说："不对，昨天xx撒尿前喝了水，人也年轻，找一个年龄大点的同事，几个小时别喝水，撒一泡尿再试试。"果不其然，撒完尿，电源一插，崩地断了。最终确定，尿液里含有的成分是断电的原因。湖南冬天老鼠在屋内乱窜，撒尿导致断电，最终工程师就针对这一问题进行产品改造，问题最终被成功解决。

华为能够从一家小公司成长为让全球客户信赖的大企业和行业领导者，其中一个原因就是，30年不间断的、大量的贴近客户的微创新。正是由于华为跟客户频繁地沟通，正是由于西方公司店大欺客，构成了华为和竞争对手的重大区别。

企业微创新主要是针对产品来说的产品微创新，也可以将微创新理解为企业竞争和发展的一种思维或方法论，是以消费者需求为导向，发挥企业自身特长，在满足用户体验的关键点上实现单点突破，进而获得市场爆发性增长。这种渐进式创新方式会对现有产品（服务）等进行不断改进和完善，能够形成"由量变到质变的累积效应，最终实现产品微创新"的思路和方向。

1. 在产品外观形式上注入新的审美元素

爱美是人的天性。创造美与创造产品一样，都是对社会的贡献。因此，华为的产品创新超越了知识和技术范畴，向精神层面提升。其产品在审美情趣上带给消费者精神愉悦，以产品风格满足了消费者的需求，引发了消费者的普遍共鸣，获得了高效反馈。

2. 在产品设计中更加人性化

为了增加对消费者的亲和力，华为产品微创新过程中显现出明显的人性化发展趋势，即以人为本、关注细节，在产品创新中兼顾安全性和社会性。

3. 在原有产品上增加新的功能或功能组合

随着生活水平的提高，消费者对产品的要求从"单一功能"向"多功能"转化，尤其是在电子产品领域，通过增加多种附加功能，用一种产品代替多种产品，是一种发展趋势。因此，在产品中华为增加了全新的附加功能或功能组合，制造出了独特的消费者体验。

4. 着眼于市场需求寻求小技术上的突破

虽然微创新号称"忘记技术，体验为王"，但是并不否认技术在改善消费者体验方面发挥的重要作用。微创新中强调的技术是根据市场需求在某个微小的点上寻求技术突破，或者对已有技术另辟蹊径的创新性应用。

第十二章 华为的创新管理：大胆创新，不做追随者

创新实践4：市场与研发的组织创新

1. 市场组织创新

大多数人都听说过"一点两面三三制"。那么，什么叫一点两面？尖刀队先在"华尔街的城墙"（任正非语）撕开口子；接着，两翼的部队蜂拥而上，把这个口子从两边快速拉开；然后，"华尔街就是你的了"。而"三三制"指的就是组织形态。

早期，任正非要求华为的管理者就"一点两面三三制"写心得体会。费敏和李杰对"一点两面三三制"体会最深，发表到《华为人报》后，任正非大加赞扬，提拔了他们。此后，"一点两面三三制"便作为华为的一种市场作战方式、一线组织的组织建设原则在全公司广泛推开。这是华为受中国军队的启示、在市场组织建设上的一种模仿式创新，对华为30年的市场成功提供了助力，至今仍然被市场一线的领导者奉为经典。

2. 研发体制创新

固定网络部门用工业的流程在做研发，创造了一种模块式组织——把一个研发产品分解成不同的功能模块，在此基础上成立不同的模块组织，每个组织由四五个精干的专家组成，分头进行技术攻关，各自实现突破后

再进行模块集成。如此，不仅大大提高了研发速度，还降低了失误率。华为的 400G 路由器的研发就是以这样的组织方式进行的。

无线研发部门，发明了底层架构研发，这就好比修万里长城，耗时耗力巨大，要耐得住寂寞，起码要能坐得住 10 年的冷板凳。直接面向客户的应用平台研发推行海豹突击队模式，形成了整个研发团队的整体作战能力和快速应变力的有效结合。这些也就是任正非说的"修长城"。

研发能力是高科技企业的基石，是企业持续发展的原动力。而研发投入则反映了企业对科技创新的重视程度，也是衡量企业研发能力的一项重要指标。2015 年，华为实现销售总额 3950 亿元人民币，研发投入为 596 亿元人民币（92 亿美元），占到销售额的 15% 左右；2016 年销售收入 5200 亿元，研发投入 608 亿元，超过苹果。

企业要得到健康发展，必须有自己的核心竞争力和自主创新产品。竞争力表现在创新动力、创新能力、创新意识上，创新的原动力在于创造力，只有具备持久创造力的企业，才能实现可持续发展。

创新实践 5：决策体制的创新

打赢一场战争，需要的是全局运筹帷幄；而打赢一次战斗，靠的却是战斗部队的实力和随机应变。

在可以预见的未来，华为一线真正拥有了"将在外，军令有所不受"的主动决策权，而后台与总部分离，完全成为支持角色，为前线的每一次战斗提供资源和配套，没有了颐指气使，运营效率的提升是必然的。总部则依靠战略导向主动权和监控权，保障一线的权力不被滥用或者无效益地使用。

这不是一次传统意义上权力从上至下的逐级分解，而是从下到上，从一线到后方的一次权力重铸。

在伊拉克战争之后，美军发生的一个最重要的变化就是，各军种全部平台化成为支持部门，同时做到高度的信息化，美军的目标是一个前线连长能指挥相当于整个伊拉克战场司令员能指挥的兵力。

要让听得见炮声的士兵做决策，有两个前提条件：第一，中后台要变成一个协同网络，调动相应的资源；第二，士兵的能力要有极大的提升。所以，这是组织原则中非常重要的内容，因为个体越来越强调他的专业知识，特别是综合判断力和创造力。但是相应的整个组织的结构也要网络化、平台化，来支撑任何一个个体根据需求调动资源的能力。

创新实践6："蜂巢"模式激活组织

"全球创新蜂巢模式"指引着华为成员集体做出决策，朝一个方向飞。

华为"全球创新蜂巢模式"的集体智慧体现在很多方面。比如：每六个月轮换一次的轮值 CEO 制度、在全球建立 28 个联合创新中心推动创新研发，以及与全球合作伙伴合作叠加创新技术。

这是一种新的高科技公司模式——一种基于集体智慧的模式，是一个充分利用 Web2.0 经济潜力的模式，也是一个民主和资源开放的结构。

汇聚全球的天才，华为的整体方向却并不任性而为。30 年来华为只做了一件事：改变人们的交流方式。华为致力于为人们提供更好的全连接世界，聚焦于提供更便捷实用的智能手机，消费者可以更好地享受生活。华为只做一件事，只做智能手机。依赖聚众力量来执行聚焦战略，大大提高了竞争力。

当今全球最成功的科技企业，大致上可以归为两种企业组织模式：流行于硅谷的创新领袖模式 (the innovation guru model) 和以传统日韩品牌为代表的集团军模式 (conglomerate)。两种模式各有优劣：起源于硅谷的经典科技型企业，依赖的是创新领袖的领导力和个人魅力，这种模式成就了苹

第十二章 华为的创新管理：大胆创新，不做追随者

果、特斯拉等科技公司，然而也因浓厚的个人色彩让公司隐藏着风险。第二种较为普遍的模式是20世纪八九十年代流行起来的集团军模式，这类企业以全面开花为特点，但因为规模庞大、阵线太长而反应缓慢。

华为认为，人类步入移动"互联网+智能终端"普及的新时代，共同创新、社交化生产和聚众文化的兴起，必然会带来一些不同。企业组织结构中，传统的自上而下式的决策方式可能不再像过去那样有效了，华为另辟蹊径独创了蜂巢型企业模式。

所谓蜂巢的六角柱型体就是，用最少耗材制成最大的菱形容器的科学结论。任正非坚信企业的成功必须依循损耗最低、效用最大的原则。在华为的蜂巢组织模式中，组织架构就是去中心化的管理模式，利用数字化链接，汇聚全球员工的智慧，更开放、自由、高效。

具体来说，华为蜂巢型企业模式有三大特点：

（1）轮值CEO制度。华为有三位轮值CEO，每六个月轮换一次，这就是华为著名的轮值CEO制度：依靠集体民主决策而非一人独裁，保证了华为避免因个人意志和判断对企业造成巨大的起落风险。

（2）98.6%股份由员工持有。华为成长为全球第三大智能手机企业，背后的重要驱动力量之一就是世界独一无二的员工持股制度。任正非创建华为之初持有100%公司股份，今天却只有约1%的股份，其余股份归华为员工所有。这一股权机制最大限度地确保了企业与全体员工"力出一孔，利出一孔"。

（3）集合全球最优秀创新力量。华为在全球有16个研发中心，聚合最顶尖的地缘资源和人才资源。比如：华为手机的外观设计来自于世界时尚中心巴黎，工业设计则来自工业革命的诞生地伦敦。

就如《失控》作者凯文·凯利在研究蜂巢理论时所说，蜂群有一只看不见的手左右着每一只蜜蜂的行为。对蜜蜂来说，这只看不见的手，其实就是千万年生存之后所形成的、从无意识到有意识的生存力。因为只有这种方式，才能让蜜蜂这一族群延续下来。而对华为来说，胜利的要义在于依靠聚众力量的新商业模式，对主流基于个人权威模式的胜利。

实践证明，华为的蜂巢模式是最有生命力、最科学的组织生存模式。其核心点是"领导者的放下心态"，不要说企业创始人，即使是一个团队领导者，也要时刻显示自己的能力管东管西，这是人性之一。但在华为，这一人性的桎梏被彻底打破了。

蜂群有一种从量变引起质变的本能，要想从单只蜜蜂的机体过渡到集群机体，只要增加蜜蜂的数量，使大量蜜蜂聚集在一起，使它们能够相互交流。等到某一阶段，当复杂度达到某一程度时，集群就会从蜜蜂中涌现出来。蜜蜂的固有属性就蕴含了集群，蕴含了这种神奇。

有了IPD基础，再有了量变的起端，华为也开始了如蜂群一般的极有生命力的自生长，集群效应开始出现。甚至可以说，华为一路走来的实践其实正是凯文·凯利关于"蜂巢理论"的最好落实，也是任正非与凯文·凯利殊途同归的智者的思考。

第十三章

华为的转型：
拥抱云时代，成功实现转型升级

读懂华为30年：
执念是一种信仰

化"云"为"雨"

2016年8月30日在上海世博园开幕的"华为2016全联接大会"是华为召开的最大一次会议。华为轮值CEO胡厚崑以"站在云端看世界"为题开启了这场盛会。

智能社会正在到来，这是一次深刻的社会巨变。智能社会一共有三个特征，万物感知、万物互联、万物智能。在智能社会，终端是万物感知的触角，网络连接万物；而云则是万物智能的源泉，与此对应的是全面协同的"端、管、云"架构。胡厚崑说：

"未来，所有人和物都能感知环境，成为智能世界的入口，电脑与人的距离越来越近，从大型机时代的几公里、PC机时代的几米，到智能手机时代的几厘米、再到可穿戴的几毫米。最后，可植入的智能芯片将使人机融为一体。5到10年内，将出现各式各样的多场景、自适应的智能终端，智能手机只是其中一种。

"未来，光缆和无线网络提供无处不在的超宽带、低时延的连接。未来，分布全球而又相互连接的计算机，汇聚了人类社会海量信息，在云端生成'数字大脑'。它实时进化，永不衰老。人和机器可以通过超宽带连

第十三章 华为的转型：拥抱云时代，成功实现转型升级

接和智能终端调用它的智慧。自动驾驶、智慧医疗以及大部分人类脑力活动会在'数字大脑'协助下变得更高效。基于这些理解和假设，华为一直致力于打造智能社会的'端、管、云'技术架构，这也正是华为重点投入的战略方向。

"像人类历史上其他重大技术革命一样，云的影响远远超过技术本身。过去十年，谷歌、亚马逊、滴滴、Airbnb 等是'生于云的一代'，它们开创了敏捷创新、体验好、低成本的云的 1.0 时代，利用云技术、云架构实现了资源共享，利用移动互联网技术创造了颠覆性的商业模式。

"颠覆者的成功唤醒了各行各业，下一个十年，将是云的 2.0 时代，企业是云化的主角，各行各业将在云中成长，各种行业云也将兴起。华为预计，到 2025 年所有企业都会用到云的技术、云的模式，85% 以上企业应用会被部署到云上。企业都会结合核心业务，探索最适合的云化解决方案。"

云重要，化云为雨更重要，要让云为业务创造价值。实现化云为雨，不仅要大胆构想，更要小步快跑。

1. 重塑观念

企业应重新认识 ICT 的作用，把信息技术从辅助性技术上升为关键的生产技术，大胆利用信息技术驱动商业模式和运营模式创新，大胆利用新技术重新设计生产流程，而不是让技术适应流程。华为也在积极学习、思考，如何在云时代运用好云思维。

2. 重构人才

掌握以云为基础的信息技术应成为企业员工尤其是企业管理者的基本技能、素质。对于华为这样一个拥有 17 万员工的企业来说，如何升级员工知识结构，很具有挑战性。纵观全球，云计算、大数据、人工智能方面

的人才供不应求，顶尖人才更是稀缺资源，这种情况还会持续甚至加剧。企业应提前布局，大胆争夺人才；未雨绸缪，提前储备人才。华为也一直在积极部署人才战略，希望吸引更多顶尖人才。

3. 小步快跑

制定云化战略，既要大胆构想，制定长期的、系统的战略，也要小步快跑，从小处入手，解决问题，创造价值，循序渐进地建立持久的信心。目前华为在全球有 8 万研发人员、16 个研究中心、超过 1500 个实验室。面对云需求，华为对过去分散的计算资源、研发资源进行整合，实现代码和研发作业上的云部署，重构研发流程，效率大幅提升。其中，资源复用率提升 2.5 倍，各环节作业时间平均缩短 50%，产品上市时间也大幅提前。

"一站式"服务助力运营商转型

这一系列挑战使得运营商难以独自应用 SDN/NFV 技术实现网络架构的转型，运营商需要一个能为其提供一站式网络转型服务的合作伙伴，从商业层面开始帮助其分析切实可行的商业诉求与目标，将其制成业务架构蓝图，并按照蓝图进行实施，转化为具体的网络基础架构并实现之，同时还要负责后期的统一运维。

针对这个目标，华为创建了云开放实验室，同时依托华为在 ICT 行业的深厚积累，创建了支撑运营商网络转型的ICT统一服务平台ISUP（ICT Service Unified Platform）、匹配IT特点的Int Ops（Integration and Operations）流程，以及提高交付效率的NICS（NFV Integration Cloud Service）工具平台。

以这些能力为基础，华为推出了包含NFV集成服务、SDN集成服务、NFVI集成服务，以及咨询服务、客户支持服务、管理服务和培训服务等在内的一系列服务，并由此构成了一站式的网络转型服务，帮助运营商解决网络架构转型时在规划设计、集成交付和运维3个阶段所面临的4大挑战，助力运营商利用SDN/NFV为其商业目标的实现构建良好的架构基础。

在规划设计阶段，华为与运营商从商业和业务层面进行对标，切合运营商的市场地位、结合其商业愿景和现网情况进行分析，制定出投资回报最大化的数据中心部署与业务上线的节奏，以及新/旧网络共存平滑演进的概要规划设计。同时，华为也会从电信级要求的业务SLA出发，拉通虚拟网络功能、融合电信云平台和IES管理控制平台，统一考虑进行电信云的详细设计，将VNF的指标映射到融合电信云平台和管理控制平台，指导融合电信云平台的冗余性规划和管理控制平台资源调度管理策略的制定，以解决分层解耦下多厂商设备引入带来的高可靠性问题。

在集成交付阶段，华为将整个集成交付过程按照ISUP方法定义的工作流对角色进行匹配和精细化管理；同时，依托云开放实验室提前对项目中涉及的多厂商产品进行预集成验证，协调各厂商产品，使之在端口、协议、配置参数和数据格式等方面达成一致性，提前在实验室解决与其他厂商产品集成的兼容性问题，实现互联互通，从而缩短项目的交付周期，降低项目现场集成的复杂度。

在运维阶段，华为提供多厂商的 SPOC（Single Point of Contact）维护服务和管理服务，以"先恢复，后解决"为基本原则，保证业务的高可用；针对 ICT 融合的网络架构梳理和优化组织架构模型，构建管理服务统一平台 MSUP（Managed Service Unified Platform）；在实际的运维操作中，将日常监控手段与故障主动注入、亚健康检测、故障隔离和跨层故障定界结合起来，通过综合的健康度评估来改善网络质量，并进行兼容性管理，确保网络稳定度。

基于以上 3 个方面，华为在 SDN/NFV 方面持续地构建一站式网络转型服务能力，帮助运营商将商业愿景转化为可落地的网络规划和设计，依托云开放实验室提前进行的预集成验证成果和丰富的生态链，实现运营商网络架构的转型。同时，基于华为丰富的 ICT 知识积累构建融合的运维能力，以确保运营商 SDN/NFV 网络和业务的稳定运行，端到端、一站式地支撑运营商网络架构转型的成功。

"云、管、端"一体化

乔治·索罗斯曾经说过这样一句话："我什么也不害怕，也不害怕丢钱，但我害怕不确定性。"的确，我们生活在不确定的时代，过去的慢生活节奏已经被互联网时代的来临打破，企业也无法像 20 世纪 90 年代之前一样高枕无忧地经营，我们深深地陷入越来越高的不确定性中，不得不时刻保持紧迫感。

中国经济在过去的三十多年里取得了高速的增长率，同时也带来社会、经济和人们意识形态的转变、大规模的行业改革和企业调整等各方面的不确定性。不确定性影响的不仅仅是企业经营意识的改变，更是对企业战略选择的改变。

传统的单一战略选择方式往往会误导企业走向穷途末路。企业往往花费巨大的物力、财力和时间去预测未来五年、十年以后的客户需求，可是却忽视了技术、市场上的种种变数，最终导致投资失败。

回顾过去三十多年的改革开放历史，民营企业在中国取得的成就令人瞩目。以信息技术为例，人们喜欢把联想和华为做比较。从商业模式上看，华为选择"技术—产品—贸易"，联想恰恰相反，选择"贸易—产品—技术"，经过多年的成长，华为成为以技术领先型的全球顶尖的通讯设备供应商，而联想则成了"又专又红"的国际贸易型公司。

在面临诸多不确定性时，大多数公司通常会采取非常谨慎的态度，比如，集中精力改善成本机构和组织效率，甚至裁员，避免新投资项目的失误。当然，也有人会说，过于保守的决策可能会使公司在不确定性中失去良机，甚至可能会对公司的整个长期竞争力产生战略影响。我们来看华为是怎样在不确定性时期选择战略的。

华为的不确定战略选择包括两方面：业务层面的选择和国际化的选择。2011年，华为宣布："为了适应信息行业正在发生的革命性变化，华为做出面向客户的战略调整，华为的创新将从电信运营商网络向企业业务、消费者领域延伸，协调发展'云－管－端'业务，积极提供大容量和智能化的信息管道、丰富多彩的智能终端以及新一代业务平台和应用，给世界带来高效、绿色、创新的信息化应用和体验。"

"云管端"一词最初见于媒体报道，有据可查的是在2010年中国国际信息通信展览会上，华为以"云—管—端：未来信息服务新架构"为主题，全面展示其面向未来的端到端综合解决方案。2011年云计算开始真正"落地"成为热点，同时在这一年，国内的互联网公司、硬件公司、运营商都在思考如何转型，而"云管端"的提法正好兼顾了各方的现状与未来发展需求，因而也成为了这一年被热议的一个技术趋势。

华为提出"云管端"的概念时是这样解释的：

云，指业务的IT化，造成的主要矛盾是海量信息的处理问题。由此，新一代数据中心和新一代业务平台成为关键。

管，指网络IP化，造成的主要矛盾是海量信息的传送问题，需要运营商以ALLIP技术为基础，以HSPA/LTE、FTTx、IP+光、NG-CDN构建新一代的网络基础架构。

端，指终端的智能化，关键是信息的多媒体呈现。只有多样化的终端才能支撑海量的多媒体应用和行业应用。而只有实现"云—管—端"的信息服务的新架构，才能实现运营转型。

简单地说，云是云服务，端是智能终端，而管则是链接"云"和"端"之间的各种设备，华为将确定新一代业务平台和应用、大容量智能化的信息管道和丰富多彩的智能终端齐头并进的发展方针。但这三个字描述的上下游通吃的愿景实在太诱人，越来越多的公司喊出了"云管端"的口号。

华为的"云—管—端"业务主要包括三个方面的业务，即运营商业务、企业业务和消费者业务。运营商业务主要客户是电信运营商，以华为最具有优势的硬件和良好的数字中心解决方案，支撑电信网络能够无障碍地传递和交换数据信息流。

企业业务则是聚焦ICT基础设施领域，满足政府、企业及事业单位的需求，提供被客户认可的集成ICT产品和解决方案，从而提高通信、办公和生产系统的效率，降低企业经营产本。

消费者业务，简单来说，就是以消费者为中心，满足个人、家庭对电子产品的要求，从而提高用户的应用体验。

让数据"慧"说话

大数据来势汹汹，传统行业面临着重构崭新商业模型的挑战，每一个企业似乎都站在了新的原点。

华为云计算产品线总裁任志鹏在华为全联接大会媒体沟通会上表示："过去一年来，我们发现大数据在数据密集型的行业应用最多，这些企业都有一个普遍的诉求，他们希望有一个数据服务的流水线，在这个流水线中能够发现自己的商业价值，并把数据产生的智能、智慧、价值融入到新的商业流程里面去。"

华为大数据坚持创新，帮助客户重塑企业数据处理架构，定位为让大数据"慧"说话。

如今大数据已有很多丰富的应用场景，这里有两个案例：

一个是在金融领域比较突出的应用场景，即应用大数据从银行查询历史交易。以往银行查询历史交易只能在线查询，而且只能查询1年内数据。现在应用了大数据后，15年内的数据都可以查到，时间维度被拓宽了。

另一个比较突出的应用场景是关于信用卡理财。很多人或许都收到过来自银行信用卡中心的理财短信，但大多数人可能都不感兴趣。银行如果在推介理财产品过程中引入大数据，便可针对用户的需求进行精准营销，这样一来，无论是银行还是投资者均能从中获益。

政府、金融、电信、互联网等行业，都影响着数以亿计人的工作和生活。大数据与哪些行业进行业务结合，是目前各行各业都在思考的问题。可以说，现在各行各业都在寻找与大数据应用的结合点。

除此之外，当下数据安全这一问题各行各业也都非常重视。大数据在规划和应用的初期就应该考虑数据安全问题。如果没有信息安全和数据共享方面的整体规划，只是单纯地利用数据进行分析应用，就有可能带来后顾之忧。所以数据被使用前应确保数据的安全、可靠及私密。

大数据是一个生态系统，这个生态系统应该是异彩纷呈的，包括各行业，而华为所做的是为各行业的大数据应用提供平台。那么，如何让大数据"慧"说话呢？

1. 实时决策

当今时代，基于海量数据进行实时决策的业务需求将越来越多，但是现有技术在业务处理能力及业务响应速度方面还达不到客户的需求。华为基于丰富的大数据平台开发经验，开发的实时决策平台，可以实现基于海量数据的毫秒级决策响应，很好地满足了用户的实时决策需求。

2. 实时搜索

华为的搜索是企业级的搜索，不同于互联网，华为大数据平台契合了不同行业的严格要求。

3. 关系分析

现在社交网络很发达，关系分析要找出一个人跟他社交圈子里面所有背后的各种各样的关系，对华为来说是数学上点和边的关系，最终的合作伙伴，不管是做金融还是平安城市，都会算出来这个点代表什么，这个边代表什么，算出所感兴趣的人、车、物。

4. 统一SQL

华为认为，大数据是企业数据自然的延伸，应该兼容企业所有的应用，所以统一SQL用华为的大数据几乎感觉不到用新技术。

5. 大集群、多租户

数据大了之后，集群一定会庞大。企业一般都有很多部门，部门之间数据既要共享也要隔离，华为叫大集群，多租户。不同的部门对数据的使用要求、访问权限通常都不同，平台不仅要共享汇总所有的数据源，还要具备多租户的能力，也就是满足各部门的权限管理。

站在"云"端看世界

2016年9月初华为在上海举办了全球最大的ICT大会——2016全联接大会。在此次大会上,华为正式全面阐述了云战略定位。华为轮值CEO胡厚崑说:"云正在塑造一切,有变革才有重生。对于任何企业来说,云的2.0时代,有变化,才有希望,有行动,才有未来"。

胡厚崑说,在未来云的世界里,华为的定位,就是成为智能社会的使能者与推动者。华为将坚持以客户为中心,聚焦ICT基础设施,做创新的云技术提供者;做企业云化、数字化战略的使能者和优选合作伙伴;秉承开放、合作、共赢的原则,做云生态的积极贡献者。

为了实现这一目的,华为积极拥抱云时代,不仅自己全面云化,还建立了云生态,和合作伙伴一起全面云化,推动全行业的数字化转型。

1. 拥抱云,拥有未来

拥抱云时代,让华为再次走到了业界的前列。而且对于自己云战略定位的阐述,也让业界对华为在未来云时代的角色有了更清晰的认知。

作为全球领先的信息与通信解决方案供应商,华为为电信运营商、企业和消费者等提供有竞争力的端到端ICT解决方案和服务,帮助客户在数字社会获得成功。

如今,面向全球数字化转型的浪潮,所有的企业都期望成为一个数字化的企业,实现数字化运营。华为加速数字化转型,其定位就是把公司能够提供的所有产品和解决方案全面云化,真正实现所有的企业和运营商的数字化转型和数字化运营,共建更美好的全联接世界。

过去10年,那些"生于云的一代"互联网企业主导了云的1.0时代,颠覆了很多行业。这让许多传统行业感到惶恐,也想成为云时代的企业,而且数字化发展的趋势,已经逼迫传统行业必须进行数字化转型。但如何才能成为数字化企业?传统行业和企业陷入迷茫。所以,华为此时提出数字化转型正是从客户的需求出发,切中了客户的发展痛点。

华为认为,每个企业需要结合自身核心业务,探索最适合自己的云化解决方案。只有拥抱云,融入云,才能化云为雨,让云为业务创造价值。基于这样的理念,华为提出了实现"云化"的三个途径。首先,要重塑观念,重新认识ICT的作用,企业要把信息技术从辅助性技术上升为生产技术,大胆利用技术重新设计生产流程;其次,重构人才,掌握以云为基础的信息技术应成为基本技能;最后,小步快跑,用循序渐进的成功建立持久的信心。

在云2.0时代,所有云转型的企业,都需要行动起来,"有行动,才有未来"。

2. 建设云生态,华为在行动

在云2.0时代,华为把自己定位成:智能社会的使能者和推动者,云技术的提供者,云生态的积极贡献者。"四者"的定位,让华为在云时代发展中,很清楚自己在做什么,也让客户、合作伙伴很清楚华为在做什么。

可是，华为不会独自做几朵云，而是要帮助千千万万客户建好千万朵云，积极参与云生态的建设。在新一轮数字化转型浪潮中，华为携手全球合作伙伴，针对客户转型需求，共同开发了创新的信息与通信（ICT）解决方案，帮助客户成为潮流的创造者而非追随者，找到实现数字化转型的成功路径。

有了这样的定位，华为喊出了"站在云端看世界"。云计算概念提出了好多年，人们对云的认识也逐渐清晰，但像华为这样清楚阐述云战略的企业为数不多。华为对于云生态建设的观点已经得到了客户、合作伙伴，乃至整个产业界的认可。如今，来自电信运营商、金融、交通、能源、航空等行业用户，以及许多制造企业都纷纷和华为签署了合作协议，华为ICT解决方案服务于全球几十亿人口。

附：华为重大历史事件

1987 年

华为在深圳创立，成为一家生产用户交换机（PBX）的香港公司的销售代理。

1990 年

华为开始自主研发面向酒店与小企业的 PBX 技术并进行商用。

1992 年

华为开始研发并推出农村数字交换解决方案。

1995 年

华为销售额达 15 亿元人民币，主要来自中国农村市场。

1997 年

华为推出无线 GSM 解决方案。

1998 年

华为将市场拓展到中国主要城市。

1999 年

华为在印度班加罗尔设立研发中心。该研发中心分别于 2001 年和

2003 年获得 CMM4 级认证、CMM5 级认证。

2000 年

华为在瑞典首都斯德哥尔摩设立研发中心。海外市场销售额达 1 亿美元。

2001 年

华为以 7.5 亿美元的价格将非核心子公司 Avansys 卖给爱默生。在美国设立四个研发中心。加入国际电信联盟（ITU）。

2002 年

华为海外市场销售额达 5.52 亿美元。

2003 年

华为与 3COM 合作成立合资公司，致力于企业数据网络解决方案的研究。

2004 年

华为与西门子合作成立合资公司，开发 TD-SCDMA 解决方案。

华为获得荷兰运营商 Telfort 价值超过 2500 万美元的合同，首次实现在欧洲的重大突破。

2005 年

华为与沃达丰签署《全球框架协议》，正式成为沃达丰优选通信设备供应商。

华为成为英国电信（简称 BT）首选的 21 世纪网络供应商，为 BT21 世纪网络提供多业务网络接入 (MSAN) 部件和传输设备。

2006 年

华为推出新的企业标识，新标识充分体现了华为聚焦客户、创新、稳健增长和和谐的精神。

2007 年

华为与赛门铁克合作成立合资公司,开发存储和安全产品与解决方案。

华为与 Global Marine 合作成立合资公司,提供海缆端到端网络解决方案。

在 2007 年底,华为成为欧洲所有顶级运营商的合作伙伴。

2008 年

华为被《商业周刊》评为全球十大最有影响力的公司。

根据 Informa 的咨询报告,华为在移动设备市场领域排名全球第三。

华为首次在北美大规模商用 UMTS/HSPA 网络,为加拿大运营商 Telus 和 Bell 建设下一代无线网络。

2009 年

华为无线接入市场份额跻身全球第二。

华为成功交付全球首个 LTE/EPC 商用网络,获得的 LTE 商用合同数居全球首位。

华为获英国《金融时报》颁发的"业务新锐奖",并入选美国 *Fast Company* 杂志评选的最具创新力公司前五强。

2010 年

全球部署超过 80 个 Single RAN 商用网络,其中 28 个已商用发布或即将发布 LTE/EPC 业务。

华为在英国成立安全认证中心。

华为获英国《经济学人》杂志 2010 年度公司创新大奖。

2011 年

华为发布 GigaSite 解决方案和泛在超宽带网络架构 U2Net。

华为建设了 20 个云计算数据中心。

华为智能手机销售量达到 2000 万部。

华为以 5.3 亿美元收购华赛。

华为整合成立了"2012 实验室"。

华为发布 HUAWEI SmartCare 解决方案。

2012 年

持续推进全球本地化经营，华为加强了在欧洲的投资，重点加大了对英国的投资，在芬兰新建研发中心，并在法国和英国成立了本地董事会和咨询委员会。

华为在 3GPP LTE 核心标准中贡献了全球通过提案总数的 20%。

华为发布业界首个 400G DWDM 光传送系统，在 IP 领域发布业界容量最大的 480G 线路板。

2013 年

全球财务风险控制中心在英国伦敦成立，监管华为全球财务运营风险，确保财经业务规范、高效、低风险地运行；欧洲物流中心在匈牙利正式投入运营，辐射欧洲、中亚、中东和非洲国家。

华为积极构建 5G 全球生态圈，并与全球 20 多所大学开展紧密的联合研究；对构建无线未来技术发展、行业标准和产业链积极贡献力量。

华为持续领跑全球 LTE 商用部署，进入了全球 100 多个首都城市，覆盖九大金融中心。

华为发布全球首个以业务和用户体验为中心的敏捷网络架构及全球首款敏捷交换机 S12700，满足云计算、BYOD、SDN、物联网、多业务以及大数据等新应用的需求。

2014 年

华为在全球 9 个国家建立 5G 创新研究中心。

华为在全球承建 186 个 400G 核心路由器商用网络。

华为为全球客户建立 480 多个数据中心，内含 160 多个云数据中心。

华为在全球建立研发中心共 16 个、联合创新中心共 28 个。

在全球华为加入 177 个标准组织和开源组织，担任 183 个重要职位。

华为智能手机发货量超过 7500 万台。

2015 年

世界知识产权组织公布的数据显示：在企业专利申请上，华为以 3898 件连续第二年位居榜首。

华为 LTE 成功进入 140 多个首都城市，部署 400 多张 LTE 商用网络和 180 多张 EPC 商用网络。

在光传送领域，华为与欧洲运营商一起建设了全球首张 1T OTN 网络，与英国电信合作完成了业界最高速率 3Tbps 光传输现网测试。

华为发布全球第一个建立在 SDN 架构基础上的敏捷物联解决方案。

华为发布全球第一款 32 路 x86 开放架构小型机昆仑服务器。

华为智能手机发货超 1 亿台，在全球智能手机市场稳居前三，在中国市场位居首位。

2016 年

《2016 年 BrandZ 全球最具价值品牌百强榜》公布，华为排名提前 20 个位次，处于第 50 位。

华为消费者业务 CEO 余承东披露：2016 年上半年，华为智能手机销售量为 6056 万台，比上一年增长 25%；营业收入为 774 亿元人民币，比上一年增长 41%。

全国工商联发布"2016 中国民营企业 500 强"榜单，华为以 3950.09 亿元的年营业收入位居 500 强榜首。

2017 年

年初，华为明确了公有云战略。

华为内部发文宣布组织架构调整，云业务部门 Cloud BU 升为一级部门，业务自主权更大。

百度与华为达成全面战略合作。

2018 年

2018 年 2 月，华为与音频及媒体技术研究机构 Fraunhofer IIS 签署了《MPEG-4 音频专利组合的全球许可协议》。

（资料来自《百度百科》）"华为技术有限公司"，有改动）